Beate Fiedler

Das Weihnachtstheater

Beate Fiedler

Das Weihnachtstheater

Illustrationen von Constanze Guhr

Hase und Igel®

Für Lehrkräfte gibt es zu diesem Buch
ausführliches Begleitmaterial beim Hase und Igel Verlag.

Originalausgabe

www.hase-und-igel.de
Die Schreibweise folgt den Regeln der neuen Rechtschreibung.
Lektorat: Dorothea Schauer
Druck: Ebner & Spiegel, Ulm

ISBN 978-3-86760-082-8
1. Auflage 2007

Das Schuljahr begann mit einer Überraschung für uns. Sie heißt Frau Brüning, ist jung und sieht gut aus.

Wir wussten, dass wir eine neue Klassenlehrerin bekommen, aber niemand hat geahnt, dass sie ganz neu an unserer Schule ist.

Natürlich sind wir ziemlich erleichtert gewesen, dass Pi nicht unsere Klassenleitung übernommen hat. Pi unterrichtet Mathe und Physik. Eigentlich heißt er Herr Philips, aber wir nennen ihn alle nur Pi. Er ist nicht besonders beliebt. Kein Wunder – er verteilt nur schlechte Noten und gibt viel zu viele Hausaufgaben auf. Ich glaube, er kann Kinder nicht leiden. Warum er ausgerechnet Lehrer geworden ist, versteht keiner.

Außerdem haben wir einen Neuen in der Klasse. Er hat die Sechste nicht geschafft und nun ist er bei uns gelandet. Darüber waren wir nicht gerade glücklich. Felix ist ein fieser Angeber, kommt sich obercool vor und trägt nur die teuersten Markenklamotten. Seine Eltern sind ziemlich reich. Ihnen gehört die Bäckerei in unserer Straße. Vor Kurzem haben sie noch einen zweiten Laden aufgemacht. Die Leute schwärmen von dem Brot und Kuchen der Kramers. Meine Mutter geht aber nicht in

deren Bäckerei. Wir kaufen unser Brot meistens im Supermarkt. Meine Mutter sagt: „Bei Felix' Eltern ist es zu teuer." Irgendwoher müssen die Kramers ja das viele Geld haben.

Am dritten Schultag wurde ich zur neuen Klassensprecherin gewählt. Nele Steinbach war ziemlich sauer darüber. Im letzten Schuljahr war sie Klassensprecherin gewesen. Aber sie hat sich bei jedem Mist eingemischt und ist uns damit tierisch auf die Nerven gegangen.

Einmal habe ich nach dem Nachmittagsunterricht den Fahrradreifen meiner besten Freundin Hannah aufgepumpt. Nele kam zu mir und fragte scheinheilig: „Na, Meike, was machst du denn da an Hannahs Fahrrad?"

„Das siehst du doch", antwortete ich patzig.

Nele schnaufte wütend und sagte: „Als Klassensprecherin muss ich darauf achten, dass alles seine Ordnung hat. Und wenn du an einem Fahrrad, das dir gar nicht gehört, die Reifen aufpumpst, wundere ich mich eben."

Plötzlich stand Hannah hinter ihr. Sie tippte Nele auf die Schulter und sagte: „Du, pass mal lieber an der Bushaltestelle auf, Nele. Ich glaube, da will jemand schwarzfahren."

Nele zögerte einen Moment, lief dann aber eilig in Richtung Haltestelle davon. Hannah hat immer gute Ideen, wie wir Nele reinlegen können.

Als wir mit unseren Fahrrädern an der Bushaltestelle vorbeifuhren, stand Nele im Wartehäuschen und blickte sich suchend um. Wahrscheinlich musste sie an diesem Nachmittag noch lange auf einen Schwarzfahrer warten.

Heimlich nennen wir Nele „die Kommissarin". Immer will sie alles genau wissen. Und sie petzt! Sie erzählt den Lehrern, wer auf dem Schulhof Schimpfwörter benutzt, wer in der Pause noch schnell die Hausaufgaben abschreibt und wer im Unterricht mit dem Nachbarn flüstert.

Eine Sache aber werde ich Nele nie verzeihen. An dem Tag, als wir von Pi eine Mathearbeit zurückbekommen sollten, lag ich krank im Bett. Ich war nicht besonders traurig darüber, denn ich dachte mir schon, dass ich die Arbeit verhauen hatte. Meine Mutter musste nachmittags zum Zahnarzt und traf dort Nele mit ihrer Mutter.

Und was hat Nele getan? Sie hat meiner Mutter erzählt, dass ich in der Mathearbeit eine Fünf geschrieben habe. So wusste es meine Mutter noch vor mir. Seitdem ist Nele bei mir unten durch. Ich werde sie nie wieder zur Klassensprecherin wählen. So eine Petze hat das einfach nicht verdient.

Ich starre trübsinnig aus dem Fenster. Draußen scheint die Sonne und es ist herrlich warm. Bestes Wetter fürs Schwimmbad. Bald kommt der Herbst, dann ist es erstmal vorbei damit. Aber ich muss Hausaufgaben machen.

Und das alles wegen Felix. Ich habe von Anfang an gewusst, dass der Ärger machen wird.

Heute sollten wir im Unterricht erzählen, wie wir Weihnachten feiern. Mitten im September!

Wir starrten Frau Brüning verständnislos an. Wenn Lehrer im September solche Fragen stellen, ist das äußerst verdächtig. Sonst erkundigen sich Lehrer nach den Sommerferien nach den schönsten Urlaubserlebnissen.

Felix brüllte: „Geschenke auspacken und fressen!"

Ein paar aus der Klasse lachten.

„Könnt ihr euch vorstellen, dass man Weihnachten auch anders feiern kann?", ließ sich Frau Brüning nicht beirren. „Was meint ihr: Wie verbringen Menschen, die wenig Geld oder keine Familie haben, Weihnachten?"

Wieder rief Felix, dieser Idiot: „Mann, die haben eben Pech gehabt. Können wir jetzt was anderes machen?"

Frau Brüning beachtete Felix nicht und begann zu schildern, wie die Menschen früher Weihnachten gefeiert haben. Damals kauften sie keine großen Geschenke, sondern bescherten sich selbst gemachte Dinge. Die Familie saß zusammen und spielte gemeinsam – nicht mit einer Playstation oder einem Gameboy, sondern Karten oder Mensch-ärgere-dich-nicht. Die Menschen erzählten sich Geschichten oder lasen Märchen vor.

Wir interessierten uns zwar nicht besonders für das, was Frau Brüning da redete, doch hörten wir still zu. Immerhin war das besser als richtiger Unterricht. Nur Felix stöhnte immer wieder genervt, kippelte mit seinem Stuhl und spielte mit einem Kugelschreiber.

Ich bin überzeugt, dass wir die Hausaufgabe ihm zu verdanken haben. Bis morgen sollen wir einen Aufsatz zum Thema „So feiert meine Familie Weihnachten" abgeben.

Das ist eine ziemlich bescheuerte Aufgabe.

Wahrscheinlich feiern wir so, wie alle anderen Familien auch. Bei uns passiert nichts Besonderes. Wir bekommen Besuch von Oma und Opa aus Bayern und von Onkel Carsten. Papas Bruder Carsten wohnt in der gleichen Stadt wie wir und schläft deshalb nicht bei uns. Das würde auch gar nicht gehen, denn unsere Wohnung ist nicht so groß. Onkel Carsten bringt jedes Jahr eine neue Freundin mit. Meine Schwester und ich nennen ihn deshalb Onkel Carstenova, das weiß er aber nicht.

Ich kaue an meinem Stift und versuche, mich an das letzte Weihnachtsfest zu erinnern. Wenn ich mich recht entsinne, lief es ab wie immer: am Tag vor Weihnachten Baum schmücken, Kartoffelsalat und Punsch vorbereiten, Waffelteig anrühren, an Heiligabend auf den Weihnachtsmann warten, Geschenke auspacken, essen, fernsehen, erzählen. Warum will Frau Brüning das wissen?

Es dämmert schon, als ich meinen Text endlich fertig habe. Obwohl ich so lange daran geschrieben habe, gefällt er mir nicht. Ich glaube, ich habe noch nie einen so langweiligen Aufsatz geschrieben. Aber bis auf das Geschenkeauspacken ist Weihnachten nun mal langweilig.

Wir sind eine ziemlich normale Familie: Vater, Mutter und drei Kinder, wobei Marie, meine ältere Schwester, die Unnormalste von uns ist.

Meine Eltern haben sich vor 20 Jahren kennengelernt und zwar an einem Montag. Jedes Jahr zu Weihnachten, wenn wir gemütlich zusammensitzen, erzählen sie diese Geschichte. Wir können also schon mitsprechen.

In der Stadt, in der wir wohnen, war jeden Montag Kinotag. Meine Mutter arbeitete an der Kasse und verkaufte die Karten. Angeblich verliebte sich mein Vater sofort in sie und ging noch am gleichen Abend mit ihr essen. Am Mittwoch heirateten sie dann. Also nicht gleich an dem Mittwoch danach, sondern zwei Jahre später. Und zwar genau an dem Datum, an dem sie sich das erste Mal getroffen hatten.

Diesem Umstand verdanken wir drei Geschwister unsere Namen: **M**arie, **M**eike und **M**ax. Unsere Eltern fanden das wohl besonders witzig oder romantisch. Nicht auszudenken, was passiert wäre, hätten sie sich an einem Dienstag kennengelernt und zwei Jahre später an einem

Donnerstag geheiratet. Dann würden wir jetzt wohl Diana, Dörte und Donald Duck heißen. Also haben wir mit

dieser Montag-Mittwoch-Geschichte noch einigermaßen Glück gehabt.

Meine Schwester Marie ist gerade 17 Jahre alt geworden. Sie macht eine Ausbildung zur Bürokauffrau. Sie hat erst vor ein paar Wochen damit angefangen. Aber wenn sie von der Arbeit nach Hause kommt, lässt sie sich schon genauso mit einem Stöhnen aufs Sofa fallen wie meine Eltern. Und die arbeiten ja nun schon ein paar Jahre länger!

Überhaupt: Marie war viel netter, als sie noch zur Schule ging. Von ihrem Ausbildungsgeld muss sie 50 Euro bei meiner Mutter abgeben für Miete und Essen und so. Seit sie das macht, tut sie so, als würde sie die gesamte Familie allein ernähren.

Marie kommt sich unheimlich erwachsen vor und mich bezeichnet sie als kindisch und albern, obwohl ich schon zwölf bin. Nur noch selten kann man mit ihr normal reden. Außerdem ist sie ohnehin meistens mit ihrem neuen Freund Freddy unterwegs.

Ob sich dessen Eltern wohl an einem Freitag kennengelernt haben?

Wegen Marie gibt es öfter Ärger bei uns zu Hause. Meinen Eltern gefällt Maries neuer Freund nicht, obwohl sie ihn erst einmal gesehen haben. Aber das hat ihnen wohl gereicht.

Leider war ich an dem Tag, an dem er Marie abgeholt hat, nicht zu Hause. Meine Mutter erzählte mir später, wie sich mein kleiner Bruder Max ängstlich hinter meinem Vater versteckt und an dessen Beine geklammert hat.

Seit sie mit Freddy zusammen ist, hat sich Marie noch mehr verändert. Als sie noch mit Sebastian zusammen war, benahm sich Marie wie jede andere ältere Schwester: ein bisschen eingebildet zwar, aber sonst ganz okay. Da hatte sie auch noch blonde Haare und trug T-Shirts in meinen Lieblingsfarben Pink und Türkis. Wenn ich eine Woche lang ihren Teil der Hausarbeit übernahm, lieh sie mir eins dieser tollen Dinger.

Aber dann trat Freddy in ihr Leben – das von da an ein schwarzes Leben war. Schwarze Haare, schwarze Klamotten, schwarze Taschen, schwarze Schuhe, schwarzer Nagellack – bei Marie ist jetzt alles schwarz. Ihre Augen bemalt sie sich so dunkel, dass man einen Schreck bekommt, wenn man sie sieht. Meine Eltern sagen, Freddy sieht genauso aus. Da kann ich mir vorstellen, warum Max sich so gefürchtet hat.

Mein kleiner Bruder jedenfalls traut sich nicht mehr in Maries Zimmer. Von den Plakaten an ihren Wänden starren gruselig aussehende Menschen, die alle schwarz gekleidet sind. Marie ist das nur recht, denn das letzte, was sie nach einem anstrengenden Arbeitstag gebrauchen kann, sind nervende Geschwister.

Mir ist es absolut egal, wie Marie herumläuft. Eigentlich kann ich diesem Freddy sogar dankbar sein, Marie hat mir nämlich all ihre schönen T-Shirts geschenkt. Ja, richtig geschenkt, ohne Hausarbeit und so. Und was sie mit ihrem Zimmer macht, ist mir auch egal. Aber meine Eltern stört es sehr, dass es dort aussieht, als würde in unserer Wohnung ein Horrorfilm gedreht – mit Marie als Hauptdarstellerin.

Frau Brüning steht neben dem Lehrerpult und hält einen Stapel Hefte in der Hand.

„Ich habe eure Aufsätze gelesen. Das war sehr interessant. Die meisten von euch verbringen Weihnachten ziemlich ähnlich. Einige bekommen Besuch, andere fahren zu Verwandten. Ihr habt von dem Essen geschrieben, das es bei euch gibt, von den Geschenken, dem Weihnachtsbaum und so weiter. Aber so wie ihr es geschildert habt, habe ich den Eindruck, dass die meisten von euch Weihnachten langweilig finden."

Hab ich's doch gewusst! Sie hätte uns wirklich besser nach unseren Ferienerlebnissen fragen sollen. Dann hätte ich erzählen können, wie mein kleiner Bruder Max beim Tretbootfahren über Bord ging und ich ihn gerettet habe. Er kann nämlich noch nicht schwimmen.

„*Ist* doch auch langweilig!", ruft Felix.

Frau Brüning lächelt und erwidert: „Heute vielleicht. Aber vor ein paar Jahren hast du dich sicher auf Heiligabend gefreut. Du konntest ihn vor Aufregung bestimmt kaum erwarten."

„Nö“, sagt Felix, „ich fand Weihnachten schon immer blöd. Silvester ist besser. Vielleicht sollte man schon zu Weihnachten knallen, dann wär wenigstens was los.“

„Genau!“, stimmt Kai ihm zu. „Weihnachten ist doch Kinderkram.“

Mann, die sollen bloß still sein, sonst müssen wir heute als Hausaufgabe einen Silvesteraufsatz schreiben. Felix hat uns schon mal reingerissen mit seinen blöden Bemerkungen. Und nun auch noch Kai. Er macht Felix neuerdings sowieso alles nach. Er zieht die gleichen Klamotten an, hat die gleiche Frisur und spricht sogar wie Felix. Früher fand ich Kai nett, aber seit Felix in unserer Klasse ist, hat er sich ziemlich verändert.

„Seht ihr“, sagt Frau Brüning. „Und genau aus diesem Grund habe ich mir überlegt, dass es doch schön wäre, Weihnachten mal ein bisschen anders zu feiern.“

Gespannt schauen wir sie an. Weihnachten anders feiern? Wie denn?

„Mit Knallern und Raketen?“, fragt Kai und lacht.

„Nein, ich dachte eher an ein Theaterstück. Ein Stück, das ihr euren Eltern und Geschwistern vorspielt. Wir könnten Lehrer unserer Schule dazu einladen und Leute aus dem Seniorenheim von gegenüber. Was haltet ihr davon?“

Schweigen.

Dann geht Gemurmel los. Die meisten scheinen nicht gerade begeistert von Frau Brünings Idee zu sein.

„Heißt das, dass wir alle an Heiligabend in der Schule sitzen?“, fragt Hannah entsetzt.

„Ja klar – und ich bin der Weihnachtsmann“, spottet Felix.

„Nein", beruhigt sie Frau Brüning, „ich dachte an den Tag davor, Freitag."

„Aber da sind doch schon Ferien!", ruft Alina.

„Das stimmt, aber ich habe mit der Schulleitung gesprochen. Wir dürfen trotzdem in die Aula. Der Hausmeister schließt uns alles auf." Frau Brünings Augen strahlen, obwohl bisher noch keiner aus der Klasse gesagt hat, dass er mitmachen will.

„Wir könnten im Foyer ein Kuchenbüfett aufbauen und nach dem Stück Kaffee und Kuchen verkaufen. Vielleicht hätten eure Eltern Spaß daran, sich ein bisschen mit anderen Eltern zu unterhalten. Und denkt nur an die Leute aus dem Seniorenheim. Denen würde das richtig gut gefallen. Viele von ihnen haben nämlich keine Angehörigen mehr. Sie würden sich bestimmt sehr freuen, wenn ihr sie einladet."

Mir fällt der alte Willy ein. Ihm gehörte ein Kiosk. Früher hat er uns manchmal Gummibärchen geschenkt. Er unterhielt sich ein bisschen mit uns und fragte, wie es in der Schule war, ob wir gute Noten bekommen hatten und ob wir immer schön aufpassten. Aber der Willy ist jetzt im Altenheim und sein Sohn hat die Bude übernommen. Heinz ist nicht so nett wie sein Vater. Geschenkt hat er uns noch nie etwas. Außerdem schaut er immer so unfreundlich und quatschen kann man mit dem auch nicht. Wenn wir jetzt nach der Schule etwas bei ihm kaufen wollen, will er immer erst sehen, wie viel Geld wir dabeihaben. Meistens sagt er dann: „Für die paar Cent bekommt ihr hier nichts."

Willy würde sich bestimmt freuen, wenn wir ihn in die Schule einladen würden. Er kennt noch so viele von uns.

„Was soll das denn für ein Theaterstück werden?“, fragt Felix. „Ein Krippenspiel vielleicht? Das können Sie mit Kindergartenkindern machen, aber nicht mit uns.“

Die meisten nicken.

Ich habe keine Ahnung, was Frau Brüning sich dabei denkt, aber ganz bestimmt werde ich nicht mit Flügelchen auf dem Rücken über unsere Schulbühne tanzen. Als kleines Kind war ich auf meine Rolle im Krippenspiel immer sehr stolz, aber jetzt? Nein wirklich, das geht nicht. Schließlich bin ich fast erwachsen.

„Über das Stück erzähle ich euch morgen mehr. Wir treffen uns zur ersten Probe um 15 Uhr in der Aula. Ich würde mich freuen, wenn möglichst viele kommen.“

Jetzt wird das Gemecker noch lauter.

„Ich hab Training!“, ruft Kai.

„Und ich fahr mittwochs immer zu meiner Oma.“

Das Pausenklingeln ertönt. Immer noch schimpfend packen wir unsere Sachen zusammen und gehen.

Frau Brüning schaut uns nachdenklich hinterher. Ich habe das Gefühl, dass sie mich besonders lang ansieht. Keine Ahnung, warum.

Ich stehe vor der Schule und warte. Na ja, genau vor der Schule stehe ich nicht. Ich hab mich ein bisschen im Gebüsch versteckt. Erstmal möchte ich sehen, ob überhaupt irgendjemand zur Probe kommt. Von Weitem erkenne ich Hannah, aber das überrascht mich nicht. Ich habe sie nämlich gebeten zu kommen. Sonst kann ich weit und breit niemanden entdecken.

Frau Brünings Auto steht auf dem Lehrerparkplatz – und das Auto von Pi. Wahrscheinlich macht er noch Experimente. Ich kann mir jedenfalls nicht vorstellen, dass Pi hier ist, um uns zu helfen. Im Gegenteil. Gestern hat er in Mathe zu uns gesagt: „Auch wenn eure Lehrerin jetzt kleine Schauspieler aus euch machen will, vergesst nicht: Bei mir gibt's nur gute Noten für richtige Ergebnisse."

Außer den Autos stehen noch einige Fahrräder herum, aber ich weiß nicht, wem sie gehören.

Ich winke Hannah herbei.

„Was gibt's? Willst du etwa zur Probe?", fragt sie.

Ich sehe mich hektisch um, ob uns auch niemand sieht.

„Haaallooo", sagt Hannah und fuchtelt mit ihrer Hand vor meinem Gesicht herum. „Erde an Meike! Ist jemand zu Hause? Du hast gesagt, dass ich zur Schule kommen soll – ganz geheim und dringend. Was ist los?"

Ich höre Fahrradgeräusche und ziehe Hannah zu mir. Leider mit zu viel Schwung: Wir landen beide im Busch.

„Sag mal, bist du verrückt geworden?", schnauzt Hannah mich an. Ich halte ihr den Mund zu. Direkt vor unserer Nase schließen Martin und Gregor ihre Fahrräder ab. Wir rappeln uns hoch und stützen uns mit den Händen in der schmutzigen Erde ab. Über Hannahs Finger läuft Kakao aus einem alten Trinkpäckchen.

Als Martin und Gregor in der Schule verschwunden sind, springt Hannah mit einem Satz aus dem Gebüsch. „Was soll das?", schreit sie aufgebracht. „Bist du irre oder was?"

„Pssssst, nicht so laut. Ich wollte nur mal sehen, ob Gregor zur Theaterprobe geht."

„Warum das denn? Bist du verknallt in den?"

„Nein, in Gregor doch nicht. Aber der ist schließlich stellvertretender Klassensprecher. Und wenn der hingeht, dann muss ich doch auch hin, oder?"

„Weiß ich nicht, Meike, ist mir auch egal. Sag mir lieber, was ich hier soll?"

„Du sollst mitkommen."

„Ich? Wieso? Ich bin keine Klassensprecherin."

„Nein, aber du bist meine beste Freundin. Los, mach schon."

Ich schiebe Hannah über den Hof, durch die Eingangshalle bis zur Aula. Sie ist so überrascht, dass sie sich überhaupt nicht wehrt. Erst als wir vor der offenen Tür stehen, wirft sie mir einen bösen Blick zu. Aber da ist es schon zu spät. Frau Brüning hat uns bereits entdeckt und begrüßt uns erfreut.

Außer uns sind nur noch Martin und Gregor gekommen – und Felix! Keine Ahnung, was der hier will. Heute in der Schule hat er sich noch über das Theaterspielen lustig gemacht.

Frau Brüning ist ziemlich enttäuscht, dass nur so wenige gekommen sind. Das sieht man ihr an. Trotzdem lächelt sie freundlich und setzt sich mit uns zusammen auf die Bühne, wo sie einen Stuhlkreis aufgebaut hat.

„Ich könnte jetzt schön mit meiner Mutter in der Stadt sein, Eis essen und shoppen", zischt Hannah mir zu.

Ich stelle mich taub.

„Es ist komisch, hier oben zu sein, oder?", fragt Frau Brüning. „Man muss sich erstmal damit vertraut machen und ein Gefühl dafür bekommen."

„Ich hab schon ein Gefühl für die Bühne, nämlich dass ich sie schnellstens verlassen will", flüstert Hannah. Trotzdem bleibt sie. Schließlich bin ich ihre Freundin und Freunde lässt man nicht im Stich.

Ich denke an meinen Auftritt als Weihnachtsengel beim Krippenspiel im Kindergarten und in der Grundschule. Ich kann mich noch daran erinnern, dass mir das viel Spaß gemacht hat. Ich habe mich gern verkleidet und musste nicht mal einen Text lernen.

Hannah hampelt unruhig neben mir herum.

„Den Text für das Theaterstück möchte ich mit euch zusammen schreiben. Ihr spielt es ja schließlich auch."

„Aber Frau Brüning, wir sind doch viel zu wenige. Das geht doch gar nicht", wirft Gregor ein.

„Das wird schon“, meint Frau Brüning. „Wartet ab, es werden noch mehr mitmachen. Und ihr seid doch schon fünf Schauspieler.“

„Ich kann das nicht“, wehrt Martin sofort ab.

„Macht nichts“, meint Frau Brüning. „Außer dem Schauspielen gibt es noch andere wichtige Aufgaben am Theater. Wir werden für jeden etwas Passendes finden.“

Für jeden? Was soll das bedeuten? Wir sind fünf Leute, von denen einer nicht spielen kann und einer nicht spielen will, nämlich Hannah. Soll ich das Stück allein mit Gregor und Felix spielen?

„Also meine Idee ist, dass es von einem Mann handelt, der im Jahr 1907 lebt. Er bekommt Besuch von einer Außerirdischen, die ihm einen Wunsch erfüllen will. Der Mann, nennen wir ihn mal Fritz, wünscht sich, ein Weihnachtsfest im Jahr 2007 zu erleben, also genau 100 Jahre später“, erklärt Frau Brüning.

„Klingt gut. Und was passiert dann?“, fragt Gregor.

„Jetzt fängt die Geschichte erst richtig an. Wir müssen gemeinsam überlegen, wie es weitergeht“, sagt Frau Brüning.

Wir schauen uns ratlos an. Wie soll es schon weitergehen? Fritz wird ein ganz normales Weihnachtsfest feiern und dann wieder zurückdüsen in sein Jahr 1907.

„Überlegt doch mal, was sich in 100 Jahren alles verändert hat“, hilft uns Frau Brüning auf die Sprünge.

Der Erste, der vielsagend lächelt, ist Martin. „Ich weiß, was Sie meinen“, sagt er.

Dann ruft Hannah plötzlich: „Ja, genau. Das ist ja super! Mann, der wird sich vielleicht wundern!“

Wundern? Worüber denn?

Hannah ist kaum noch zu bremsen. Sie springt von ihrem Stuhl auf: „Was der alles nicht kennt. Das sind 100 Jahre Unterschied, Mann. Der hat in seinem ganzen Leben noch keinen Computer gesehen oder Hotdogs gegessen."

„Stimmt", bemerkt Gregor. „Und der kennt auch keine Flugzeuge und Autos, oder?"

„Gab es damals eigentlich schon Heizungen?"

„Oder Glühbirnen?"

„Telefone?"

„Radio und Fernsehen?"

„Auf jeden Fall gab's keine Handys."

Jetzt plappern alle durcheinander. Jedem fällt etwas ein, was Fritz unbekannt sein müsste.

„Mann, das muss doch früher total langweilig gewesen sein", sagt Felix, „die hatten noch nicht mal Fernsehen und Playstation und so. Da wird Fritz aber ganz schön neidisch werden, wenn er das alles kennenlernt."

„Genau", stimmt ihm Gregor zu. „Was der alles noch nie gesehen hat!"

„Stellt euch mal vor, wir hätten damals gelebt. Das wäre nicht zum Aushalten gewesen", sagt Felix.

„Wieso? Wir hätten doch keine Ahnung von dem gehabt, was es heute gibt", sage ich.

Felix straft mich mit einem verachtenden Blick.

„Und außerdem hat der ganze Fortschritt ja auch Nachteile", wirft Martin ein.

„Nachteile? Was denn für Nachteile?", fragt Felix ungläubig.

„Na ja, Elektrogeräte verursachen Elektromüll ...", fängt Martin an.

Aber Felix fällt ihm ins Wort: „Denkst du etwa, dass die vor 100 Jahren Umweltschutz betrieben haben? Da gab es noch nicht mal Mülltrennung."

„Nee, aber es gab auch nicht so viel Müll, oder?", erwidert Hannah.

Felix zuckt mit den Schultern.

„Martin hat schon recht", mischt sich jetzt Frau Brüning ein. „Wir sollten gut überlegen, was Fritz gefallen wird. Manche Dinge sind sicher wichtig und wir können uns gar nicht vorstellen, ohne diese Dinge zu leben, auf anderes könnten wir jedoch gut verzichten."

„Aber, was wichtig ist und was nicht, ist doch für jeden unterschiedlich", sagt Hannah.

„Das stimmt. Dennoch gibt es Dinge, die das Leben sehr verbessert haben, und andere, die eher Luxus sind, unnützer Luxus", antwortet Frau Brüning. „Macht euch bitte bis zur nächsten Probe darüber Gedanken. Schreibt

mal ein paar Dinge auf, die ihr im Haushalt findet oder in euren Zimmern, von denen ihr wisst, dass es sie früher nicht gab. Wir überlegen das nächste Mal gemeinsam, was davon wichtig ist und was nicht. Dann entscheiden wir, welche Dinge in unserem Stück vorkommen sollen."

Plötzlich steht Pi in der Tür, schaut uns an und grinst. „Na, Frau Kollegin, hab ich es Ihnen nicht gleich gesagt? Ihr Theaterstück können Sie vergessen." Lachend schüttelt er den Kopf und geht.

Das finde ich fies, richtig gemein.

Frau Brüning lächelt gequält. „Alle Kollegen stehen meiner Idee skeptisch gegenüber. Ich will es trotzdem versuchen." Sie spricht leise, als würde sie gar nicht mit uns reden, sondern mit sich selbst. „Ich dachte, so ein Theaterstück macht allen ein wenig Freude."

Ich muss zugeben, dass ich auch meine Zweifel hatte, aber inzwischen finde ich Frau Brünings Idee richtig gut.

Von wegen „Ihr Theaterstück können Sie vergessen!" Da kennt Pi uns aber schlecht! Am Abend telefonieren Hannah und ich uns die Ohren heiß und erzählen unseren Klassenkameraden von unserer großartigen ersten Probe.

Heute treffen wir uns zur zweiten Probe. Zwölf sind diesmal gekommen! Kai ist natürlich auch dabei. Auf dem Parkplatz haben wir Pi getroffen. Er hat ziemlich gestaunt, als wir alle zusammen an ihm vorbeimarschiert sind. Frau Brüning freut sich, dass wir noch andere aus unserer Klasse überredet haben.

Wir erzählen den Neuen kurz, worum es in dem Stück gehen wird. Einige lehnen es sofort ab, eine Rolle zu übernehmen.

„Keine Angst“, beruhigt sie Frau Brüning, „wer sich nicht auf die Bühne traut, bekommt eine andere Aufgabe. Wir wollen aus unserer Aufführung einen Tag vor Weihnachten ja ein richtiges Fest für eure Verwandten machen. Da gibt es genug zu tun und wir brauchen jeden Einzelnen von euch. Aber ihr werdet staunen, was ihr alles könnt. Vielleicht findet ihr an Dingen Spaß, die ihr noch nie ausprobiert habt.“

Hannah atmet erleichtert auf. „Wir machen das Kuchenbüfett“, flüstert sie mir zu. Ich nicke, obwohl ich eigentlich Lust habe zu spielen.

„Wir brauchen zum Beispiel Verantwortliche für die Requisiten und eine Souffleuse."

„Was müssen die machen?", fragt Bekir.

„Requisiteure müssen sich um die Gegenstände kümmern, die wir für die Theateraufführung benötigen", erklärt Frau Brüning. „Und eine Souffleuse liest während der Vorstellung den Text der Schauspieler mit und sagt ihn vor, falls einer hängen bleibt. Dann müssen wir an Platzanweiser und Kuchenverkäufer denken und uns natürlich um die Kostüme kümmern. Wenn wir die Leute aus dem Seniorenheim einladen wollen, dann sollten sie einige von euch abholen und nach der Vorstellung wieder zurückbegleiten. In ein paar Wochen wird es früh dunkel, da können wir die alten Herrschaften nicht allein zurückgehen lassen."

„Es könnte schneien", gibt Gregor zu Bedenken, „dann ist es vielleicht glatt."

Die anderen nicken. Hannah holt einen Stift und einen Block aus ihrer Tasche. „Ich schreib schon mal auf, welche Aufgaben erledigt werden müssen."

„Das ist eine gute Idee, Hannah. Du hältst ab heute alles, was wir besprechen, in einem Protokoll fest", lobt sie Frau Brüning.

Hannah rollt mit den Augen, aber ich glaube, sie freut sich, dass sie die erste Aufgabe bekommen hat. Ich bin auch froh, denn nun wird Hannah auf jeden Fall dabeibleiben, egal ob ihre Mutter shoppen geht oder nicht.

Nele, die neben Hannah sitzt, flüstert ihr zu: „Wenn du nicht willst, kann ich das machen."

„Lass mal, Nele", erwidert Hannah, „ich schaff das schon."

Nele sieht beleidigt zur Seite.

„Das letzte Mal habe ich euch gebeten zu überlegen, was Fritz in unserer heutigen Zeit alles toll finden und was ihm eher komisch oder unnütz vorkommen wird. Habt ihr euch Gedanken darüber gemacht?“

Wir schauen uns schweigend an. Ich bin zwar mal durch unsere Wohnung gelaufen und habe mich umgesehen, aber so richtig vorstellen, worauf ich verzichten möchte, kann ich mir nicht.

Marie hat in ihrem Zimmer einen eigenen Fernseher stehen und der läuft die ganze Zeit, wenn sie zu Hause ist. Manchmal hat sie gleichzeitig auch noch ihren Computer an. Das ist eigentlich Unsinn. „Stromverschwendung“, sagt mein Vater. Außerdem haben wir schon im Wohnzimmer einen Fernseher. Sie könnte auch dort schauen.

„Was würdest du machen, wenn ich dir den Fernseher wegnehmen würde?“, habe ich Marie gefragt.

„Ich würde dir eine knallen“, hat sie geantwortet und mir ein Kissen nachgeworfen. Fernseher muss also sein, oder?

„Felix, sag du doch mal ...“, meint Frau Brüning.

„Warum ich?“, fragt Felix patzig.

„Weil du immer so eine große Klappe hast, deshalb“, antwortet Hannah, bevor Frau Brüning etwas sagen kann.

„Die Küchenmaschine von meiner Mutter kann weg“, sagt Felix und grinst Kai an. „Dann macht sie wenigstens nicht mehr diesen blöden Möhrensalat.“

Kai lacht – natürlich. Kai lacht immer, wenn Felix einen Witz macht, auch wenn der Witz total bescheuert ist.

Hannah verdreht die Augen. „Also ich finde Kühlschränke sind eine gute Erfindung. Die wussten doch früher gar nicht, wie sie die Sachen kühl halten sollten. Denen muss doch alles schlecht geworden sein." Hannah blickt sich fragend um, die meisten nicken.

„Oder das Penizillin, das ist auch wirklich wichtig. Denkt mal daran, wie viele Menschen früher an Krankheiten gestorben sind, die man heute ganz leicht heilen kann", sagt Martin.

„Mann, was soll das denn werden? Ein Theaterstück oder ein Medizinerkongress?", meckert Felix.

„Wir überlegen doch nur, was den Fritz überraschen müsste", gibt Martin zurück.

„Genau", sagt Hannah zu Felix, „du willst wahrscheinlich, dass Fritz Playstation spielt."

„Na und? Was ist daran so schlimm? Ist jedenfalls besser, als wenn er Penizillin schlucken muss."

Felix hält Kai seine flache Hand hin. Der schlägt mit lautem Klatschen ein. Frau Brüning sollte die beiden rausschmeißen.

Warum will Felix überhaupt mitmachen? Wir würden viel schneller vorankommen, wenn er nicht immer seinen Blödsinn dazwischenrufen würde.

„Also, ich finde, dass Felix recht hat", mischt sich Nele ein. „Die haben sich früher bestimmt zu Tode gelangweilt – und wir nicht. Das ist doch gut. Wir können in unserer Freizeit viel bessere Sachen machen als die vor 100 Jahren. Das muss der Fritz doch auch so sehen."

Felix grinst Nele an und nickt. Sie bekommt einen knallroten Kopf und lächelt zurück. Was ist das denn? Will die sich bei Felix einschleimen? Bei dem kann sie sowieso nicht landen. Der ist nämlich hinter ganz anderen Mädchen her.

„Aber was wir heute in der Freizeit machen, ist doch nicht unbedingt besser", widerspricht ihr Martin. „Früher haben sie sich am Nachmittag verabredet, haben zusammen Karten gespielt oder Fußball. Heute treffen wir uns höchstens zu zweit und hängen vor der Playstation rum. Das war früher irgendwie besser, glaube ich."

„Mann, du redest ja wie meine Oma. Früher war alles besser! Ist doch totaler Quatsch", motzt Felix.

„Heutzutage gibt's ja keinen Platz mehr zum Fußballspielen", wirft Bekir ein. „Ist doch überall verboten. Vom Spielplatz scheuchen sie dich weg und im Park ist es auch nicht erlaubt. Sogar vom Supermarktparkplatz haben sie uns letztens verjagt."

„Das stimmt, viel Platz zum Spielen haben wir nicht", bestätigt auch Gregor.

„Okay, aber da, wo wir zusammen etwas machen könnten, da machen wir es auch nicht mehr", meint Martin. Er überlegt einen Moment, dann sagt er: „Auf dem Schulhof zum Beispiel, in den Pausen. Weißt du noch, Gregor, früher haben wir immer irgendwas gespielt. Jetzt steht jeder mit seinem MP3-Player rum oder verschickt SMS. Das ist doch irgendwie blöd."

„Was willst du denn in der Pause machen? Gummitwist?", spottet Felix.

„So Unrecht hat Martin gar nicht", schaltet sich Frau Brüning ein. „Als Aufsicht habe ich das auch schon beobachtet. Die wenigsten spielen noch zusammen. Jeder beschäftigt sich allein."

Martin spinnt wohl. Wir sind froh, dass wir unsere Handys überhaupt noch mit in die Schule bringen dürfen. An der Schule von Hannahs Schwester ist das nämlich verboten. Schrecklich! Und Martin erzählt so einen Mist! Vor einer Lehrerin!

Frau Brüning schaut uns der Reihe nach an, dann sagt sie: „Gut, Leute, wir müssen uns einigen, sonst bekommen wir unser Stück nie fertig. Ich schlage vor, ihr schreibt einige Dinge auf, die ihr wichtig findet, und forscht nach, wann sie erfunden wurden. Schaut im Internet nach oder leiht euch Bücher aus der Bibliothek aus. Wir werden dann abstimmen, was wir davon im Stück aufnehmen. Für heute machen wir erst mal Schluss."

Die Zwillinge Zehra und Bekir begleiten Hannah und mich auf dem Nachhauseweg. Uns fallen immer mehr Dinge ein, die es garantiert noch keine 100 Jahre gibt. Wir würden am liebsten sofort in die Bücherei gehen, aber die hat leider schon geschlossen.

Vor dem Supermarkt treffen wir Pascal, Marcel und Timo. Fast jeden Nachmittag verbringen sie dort mit ihren Skateboards. Sie sitzen auf dem Geländer und essen Pizza. Lisa aus der 6c ist auch dabei. Die meisten Jungen finden Lisa toll. Sie ist ziemlich hübsch und trägt immer die neusten und coolsten Klamotten. Ich mag sie nicht besonders. Ich finde, sie ist eine Angeberin.

„Weißt du, wie alt die ist?", fragt Bekir und deutet auf die Colaflasche in Timos Hand.

Timo starrt auf die Flasche und sucht das Herstellungsdatum.

„Nö", sagt er nach einer Weile, „steht nichts drauf."

Zehra und ich schauen uns an und müssen lachen.

„Und eure Pizza, wisst ihr, seit wann es die gibt?", fragt Hannah.

„Na, seit der Pizzastand aufgemacht wurde“, antwortet Marcel mit vollem Mund.

„Letztes Jahr im Herbst, glaub ich“, sagt Pascal.

Jetzt müssen Hannah und Bekir auch lachen.

Bekir schüttelt den Kopf. „Leute, Leute, ihr stopft da Sachen in euch rein und wisst nicht mal, seit wann es die gibt.“

Die drei Jungs begreifen gar nichts. Und auch Lisa schaut verständnislos von einem zum anderen.

„Willst du auch mit uns Skateboard fahren?“, fragt Timo schließlich und sieht Bekir an.

„Keine Zeit“, antwortet er, „ich muss ins Internet.“

„Chatten?“, fragt Pascal und grinst.

„Nee, Hausaufgaben machen.“

„Hausaufgaben? Wir hatten doch gar nichts auf.“

„Ihr nicht, aber wir schon.“

Bekir tut sehr geheimnisvoll und die anderen platzen fast vor Neugier.

„Wieso? Was ist denn los?“, fragt Timo.

„Ach“, sagt Hannah, „nichts Besonderes. Hat mit unserer Theatergruppe zu tun.“

„Da müsst ihr auch noch Hausaufgaben machen?“, fragt Pascal erstaunt.

„Nicht so richtig. Wir wollen nur ein paar Dinge rausbekommen, von früher und so“, erklärt Bekir.

„Wie? Von früher und so? Was denn? Erzähl mal.“

„Nee, Leute, keine Zeit. Wenn ich nicht vor Zehra zu Hause bin, ist der Computer besetzt. Also, bis morgen.“

Bekir läuft eilig davon.

Wir Mädchen bleiben noch und Hannah erzählt von unserem Theaterstück.

Timo springt begeistert vom Geländer und sagt: „Das ist cool. Toaster gab's bestimmt auch noch nicht."

„Und Fotokameras?", fragt Pascal.

„Keine Ahnung. Was ist denn mit Kinos?"

„Ich glaub, Kinos und Filme gab es damals schon", meint Zehra.

„Kann sein, aber bestimmt ohne Ton, oder?"

„Und ohne Popcorn."

Hannah kramt ihr Protokoll aus der Tasche und schreibt die Wörter Toaster, Kino, Popcorn, Pizza und Cola auf. Wir reden noch über alles Mögliche. Timo zeigt uns sogar ein paar Kunststücke auf seinem Skateboard. Er ist echt süß, finde ich. Als wir uns verabschieden, sagt er: „Tschüss Meike, tschüss Hannah, bis morgen."

Tschüss Meike! – Ich werd verrückt!

„Der ist verknallt in dich", stellt Hannah fest.

„Quatsch! Meinst du wirklich?"

„Klar, wie der dich die ganze Zeit angeguckt hat! Hast du das nicht gemerkt?"

„Ich dachte, der ist mit der Lisa zusammen."

„Mit der? Glaub ich nicht. Pass mal auf, morgen wird er dich bestimmt fragen, ob du mit ihm gehen willst."

Die erste Pause ist fast vorbei. Timo hat mich immer noch nicht angesprochen. Hannah sagt, Jungen seien zu feige, um ein Mädchen zu fragen, da müsse man nachhelfen.

Nun stehe ich mit Hannah und Timo zusammen. Sie hat ihn zu uns gerufen und ganz direkt gefragt, ob er mit Lisa geht. Oh Gott! Ich möchte am liebsten im Erdboden versinken. Oder, noch besser: mit Fritz und der Außerirdischen ins Raumschiff steigen. Bloß weg hier. Jetzt weiß Timo bestimmt, dass ich ihn süß finde.

Noch bevor Timo antworten kann, ruft Frau Brüning, die Aufsicht hat, Hannah zu sich. Na prima! Jetzt bin ich ganz allein mit Timo. Was sag ich nur? Hannah fällt in so einem Augenblick immer etwas ein. Mir leider nicht. Wir schweigen uns an. Ich könnte ihn fragen, ob wir uns am Nachmittag zum Eisessen treffen wollen. Aber ich trau mich nicht. Vielleicht würde er Ja sagen, aber nur vielleicht. Und wenn er Nein sagen würde, wäre mir das schrecklich peinlich. Also frag ich besser nicht.

Warum sagt *er* nichts? Er schielt die ganze Zeit rüber zu seinen Freunden. Trotzdem bleibt er bei mir stehen. Warum geht er nicht zu den anderen? Das wäre mir im Moment wirklich lieber. Ich habe das Gefühl, dass uns schon alle anstarren. Lisa und ihre Freundinnen haben

uns auch schon entdeckt. Glaube ich jedenfalls. Sie schauen in unsere Richtung und es sieht so aus, als würden sie miteinander tuscheln.

Da geht Nele an uns vorbei und fragt: „Na, was habt ihr denn für Geheimnisse?"

Normalerweise bin ich froh, wenn Nele mich in Ruhe lässt und ich nicht mit ihr sprechen muss. Aber jetzt könnte ich sie küssen. Ich hake mich sofort bei ihr ein, sodass sie stehen bleiben muss.

Nele schaut mich verblüfft an. Wenigsten glotzen die anderen jetzt nicht mehr so blöd zu uns rüber. Wenn ein Junge und ein Mädchen zu zweit auf dem Schulhof stehen, ist das eine Sensation. Dann ist man gleich ineinander verliebt.

„Ach, wir haben gerade über Physik gesprochen. Wir schreiben doch nächste Woche den Test", lüge ich.

Timo lächelt und Nele versucht, sich von meinem Arm zu befreien. Aber ich halte sie fest.

Plötzlich ruft mich Hannah. Ich lasse Nele los und laufe zu ihr. Jetzt steht Nele allein mit Timo zusammen.

Hannah schaut mich mit wichtiger Miene an. „Du wirst nicht glauben, was ich gerade erfahren habe."

„Und?", frage ich.

„Rate mal!", sagt Hannah.

Ich hasse Ratespiele. „Die Schule wird gesprengt?"

„Kalt, ganz kalt."

Ich verdrehe die Augen. Ich kenne Hannah schon seit dem Kindergarten. Sie wird keine Ruhe geben, ich muss weiter raten. Auch wenn es sehr unwahrscheinlich ist, dass ich ihr Geheimnis herausbekommen werde.

„Sie bauen einen Swimmingpool auf dem Sportplatz?"

„Quatsch. Streng dich doch mal an!"

Zum Glück klingelt es in diesem Moment. Wir müssen uns aufstellen und Hannah flüstert mir ins Ohr: „Es gibt drei Neue in unserer Theatergruppe."

„Aha, und woher weißt du das?"

„Frau Brüning hat es mir gerade gesagt, damit ich es aufschreiben kann. Ich führe doch das Protokoll. Du kommst nicht drauf, wer es ist …"

„Hannah!", stöhne ich. Wir stehen schon vor dem Physikraum. Ich möchte nicht noch eine Stunde abwarten müssen, bevor ich die Neuigkeit erfahre.

„Pascal, Marcel und …?", flüstert sie geheimnisvoll.

Ich beende ihren Satz nicht, obwohl ich mir schon denken kann, wer sich noch angemeldet hat.

„Und Timo“, ergänzt sie schließlich grinsend. „Ich wusste doch, dass der in dich verknallt ist.“

Als die Physikstunde beginnt, bedauere ich, dass Timo nicht auf Hannahs Frage geantwortet hat. Jetzt weiß ich immer noch nicht, ob er mit Lisa zusammen ist. Sehr ärgerlich!

Aber vielleicht ist es auch gar nicht so wichtig. Schließlich werde ich in nächster Zeit sehr viele Nachmittage mit ihm verbringen. Jetzt wird mir das Theaterspielen noch mehr Spaß machen.

Heute findet unser Theatertreffen im Klassenzimmer statt. Das erste mit Timo. Ich bin etwas nervös und viel zu früh gekommen. Aber ich bin nicht die Einzige. Felix, Kai und Bekir sitzen lässig auf ihren Tischen – und Timo. Ich bleibe unschlüssig etwas abseits stehen.

Eigentlich könnte Timo jetzt zu mir kommen und mich begrüßen. So in der Art: „Hallo, Meike, schön, dass du endlich da bist." Oder: „Sag mal, was ich dich schon lange fragen wollte …" Macht er aber leider nicht.

Ein Schubs in die Seite reißt mich aus meinen Träumereien. Hannah steht mit ihrem Notizblock neben mir. „Na, auf welchem Stern warst du denn?", fragt sie mich, wartet aber keine Antwort ab.

Sie zieht mich zu den Jungen. Aber die quatschen und lachen miteinander und beachten uns kaum. Geht man so mit einem Mädchen um, in das man angeblich verliebt ist? Vielleicht hat Hannah sich doch getäuscht.

„Jetzt wird's endlich ein bisschen lustig, wenn noch mehr mitmachen", höre ich Felix sagen. „Dann kann uns Martin, der Spinner, mit seinem Penizillin gestohlen bleiben."

„Alter, der meint doch glatt, dass er Handys scheiße findet", erzählt Kai und lacht.

„Ja, wahrscheinlich weil er so ein altes Schrottteil hat", sagt Timo. „Das würde ich auch scheiße finden. Mann, stell dir mal vor, du hättest kein Handy mehr ..."

„Wenn die Pauker die Handys an der Schule verbieten, können wir uns bei Martin bedanken. Keine SMS mehr von deiner Süßen: Du warst der schlechteste bei Pisa, ich lieb Dich trotzdem, Deine Lisa", witzelt Felix und haut auf Timos Rücken.

Alle lachen, nur mir versetzt es einen Stich. Hannah schaut kurz zu mir. Also doch Lisa! Und Hannah hat ihn auch noch nach ihr gefragt! In meinem Beisein! Wie peinlich!

Ich bin froh, als die anderen kommen und wir anfangen. Aber so richtig bei der Sache bin ich nicht. Mein Herz schlägt ziemlich schnell.

„Ich hab nachgedacht über das, was ihr in der letzten Probe besprochen habt", beginnt Frau Brüning. „Martin hat recht. Vielleicht sollte Fritz auch auf Dinge treffen, deren Nutzen er überhaupt nicht verstehen kann, Sachen, die er vielleicht lächerlich findet. Lasst uns einfach zusammen überlegen. Hannah, lies doch mal vor, wie weit wir bis jetzt sind."

Hannah schlägt ihren Notizblock auf. „Also, Fritz lebt im Jahr 1907, trifft auf die Außerirdische und die nimmt ihn im Raumschiff mit. Er reist durch die Zeit bis ins Jahr 2007 und landet bei einer Familie mit Mutter, Vater, zwei Kindern und einer Oma. Es ist Weihnachten und die Familie wartet auf den Weihnachtsmann. Fritz setzt sich dazu."

„Aber die Familie muss sich doch über den Gast wundern, die kennen den doch gar nicht“, wirft Bekir ein.

„Er ist unsichtbar“, sagt Hannah schnell.

„Ja genau, sie können Fritz nicht sehen und nicht hören“, meint Timo.

„Und immer, wenn Fritz was sagt, muss die Familie ganz unbeweglich bleiben. So wie in einem Film, der angehalten wird“, schlägt Hannah vor.

„Cool“, sagt Bekir, „keiner sieht und hört dich.“

„Und dann?“, fragt Timo.

„Na ja, und dann sieht er Dinge in der Wohnung, die er nicht kennt und mit denen er überhaupt nichts anfangen kann“, sage ich. „Er könnte sich darüber wundern, dass die Familie nichts zusammen macht, sondern jeder allein mit einer Sache beschäftigt ist.“

„Das ist ein guter Einfall, Meike. Was meint ihr dazu?“, fragt Frau Brüning.

„Ja, das ist super. Der Vater könnte zum Beispiel fernsehen, die Mutter am Computer spielen …“

„Nee, besser der Sohn sitzt am Computer und die Mutter kocht in der Küche oder so.“

„Ja, und die Tochter könnte mit ihrer Freundin telefonieren oder Gameboy spielen. Und die Oma, die könnte in der Ecke sitzen und stricken.“

„Oder trübsinnig aus dem Fenster schauen und sich langweilen.“

„Ihr habt gute Ideen!“, lobt Frau Brüning und nickt Hannah zu, die kaum hinterherkommt alle unsere Vorschläge aufzuschreiben.

„Aber dann wird das Stück doch ganz anders“, wirft Felix ein. „Ich dachte, das wird ein lustiges Stück.“

„Wieso anders? Wir hatten doch noch gar nichts festgelegt. *Du* willst das vielleicht anders, aber wir schreiben das Stück zusammen“, faucht Hannah.

„Spaßig kann es doch trotzdem sein“, mault Felix.

„Soll der Fritz denn jetzt gar nichts mehr gut finden?“, fragt Kai.

„Doch, klar, aber sinnvolle Sachen“, meint Hannah. „So was, was für die Menschen zu seiner Zeit lebensnotwendig gewesen wäre.“

„Doch Martins Penizillin? Das ist doch Mist. Mann, der kommt in ein Jahr, wo es alles Mögliche gibt, was er nicht kennt, und dann soll er es schade finden, dass die Familie nicht zusammen am Ofen sitzt und Weihnachtslieder singt?“

Viele nicken und geben Felix recht. Ich weiß auch nicht so genau, was ich davon halten soll. Hannah kaut auf ihrem Kugelschreiber herum und schreibt gar nichts mehr auf.

„Martin will doch überhaupt nicht mitspielen. Auf die Bühne traut er sich nicht, aber jetzt will er bestimmen, wie das Stück sein soll. So einen Quatsch spiele ich nicht. Das kann er selbst machen“, schimpft Felix.

„Es ist doch noch gar nicht entschieden, wer spielen wird. Außerdem hat Martin ja nur einen Vorschlag gemacht“, sagt Zehra.

Martin sitzt still an seinem Platz. Mir fällt auf, dass er heute noch gar nichts gesagt hat. Ist vielleicht auch besser so. Wenn ich da an die Handy-Geschichte denke …

„Er hat doch nur gemeint, dass heute nicht alles besser ist als früher, und das stimmt doch auch“, verteidigt Zehra Martin.

„Ich bin jedenfalls froh, dass ich jetzt lebe", grummelt Felix.

„Kannst du ja auch. Aber das Stück ist nicht *dein* Stück. Wir müssen uns schon einigen", sagt Hannah bestimmt.

Frau Brüning schaut auf die Uhr. Sie blickt ein wenig besorgt von einem zum anderen. Unser Streitgespräch ist ziemlich laut geworden.

„Ich denke, Hannah hat recht", sagt Frau Brüning.

„Und wie sollen wir weitermachen?", fragt Natascha.

„Heute gar nicht mehr", antwortet Frau Brüning. „Es ist schon spät. Wir machen Schluss und vertagen die Diskussion. Ich habe mit unserem Schulleiter gesprochen. Er hat uns eine Woche vom Unterricht befreit, damit wir uns intensiv mit unserem Stück beschäftigen können. Übernächste Woche fangen wir an."

Klasse: kein Mathe, kein Physik, kein Englisch, kein Erdkunde, nur Theater! Eine Woche lang!

Auf dem Nachhauseweg hoffe ich, dass Timo Hannah und mich begleitet. Doch er ist nirgends zu sehen. Schade, jetzt wäre ich froh, wenn Hannah ihn noch mal nach Lisa fragen würde. Dann wüsste ich wenigstens Bescheid.

Vor der Schule stehen Felix, Kai, Nele, Bekir und Zehra.

„Das wird sowieso nichts“, höre ich Felix sagen.

„Was wird nichts?“, frage ich.

„Das mit dem Theaterstück. Die Brüning sagt zwar, wir schreiben das Stück zusammen, aber dann entscheidet sie doch“, schimpft Kai.

„Das stimmt doch gar nicht“, widerspricht Hannah.

„Na ja, egal, ich hab jedenfalls keine Lust in meiner Freizeit in der Schule rumzuhängen und dann kommt da nichts bei raus. Wir streiten doch nur“, meint Felix.

Die Zwillinge nicken.

„Ist doch Quatsch“, sage ich.

Da mischt sich Nele ein: „Felix hat recht. Wir sitzen fast jede Woche einen Nachmittag hier, manchmal sogar zwei. Aber wir kommen nicht weiter. Ich kann meine Freizeit echt besser verbringen."

Felix grinst Nele an. Man sollte ihr vielleicht wirklich mal sagen, dass Felix ganz bestimmt nichts von ihr will.

„Aber schau doch mal, manches war doch früher wirklich besser", beharrt Hannah. „Mit den Klamotten und so oder mit den Handys. Alles eigentlich. Immer muss man das Neuste und das Beste haben. Wer keine Markenklamotten trägt, wird blöd angemacht. Ich meine, das gab es früher nicht. Das ist doch auch irgendwie ganz gut gewesen, oder?", sagt Hannah.

Ich sehe, wie Martin mit Gregor aus der Schule kommt und zu uns rüberschlendert. Vielleicht ist Timo auch noch drinnen. Ich schaue immer wieder zur Eingangstür, aber er ist nicht zu sehen.

„Das kann dir *der* besser beantworten", sagt Felix und nickt mit dem Kopf in Martins Richtung.

„Wie meinst'n das?", fragt Martin.

„Na, du würdest es doch sicher auch toll finden, wenn alle Schuluniformen tragen würden, oder?"

Martin antwortet nicht, aber dafür kommt Hannah jetzt richtig in Fahrt. „Wieso eigentlich nicht? Ich meine, wenn die Klamotten gut aussehen, dann wär's doch okay, wenn alle das Gleiche tragen."

Die anderen schauen Hannah mit großen Augen an. So Unrecht hat sie eigentlich gar nicht. Dann würde wenigstens keiner mehr wegen seiner Klamotten ausgelacht.

Ich erinnere mich an Sarah aus meiner Grundschule. Sie hatte vier Geschwister und ihre Mutter lebte allein mit ihnen. Sarah hatte nie Geld, um sich nach der Schule mal ein Eis zu kaufen. Sie musste immer die gebrauchten

Sachen ihrer älteren Schwestern tragen. Sarah wurde in der Schule oft blöd angemacht wegen ihrer Kleidung. Irgendwie tat sie mir manchmal leid, aber geholfen habe ich ihr nicht. Vielleicht war ich einfach noch zu klein dafür.

„Klar Hannah, das ist echt ein cooler Vorschlag", spottet Felix. „Tu dich doch mit Martin zusammen. Ihr seid ein tolles Paar: Einer will Einheitsklamotten für alle und der andere will Handys in der Schule verbieten lassen. Super!"

„Wenn du so ein Scheißhandy hättest, würdest du es auch verbieten lassen wollen. Was wiegt dein Handy eigentlich, Martin? 20 Kilo? Mann, wenn ich das in der Tasche hätte, würde ich so laufen …", lacht Kai vergnügt und läuft mit schiefer Schulter hin und her.

„Ihr seid so was von bescheuert", schreit Martin, „habt nur eure Playstation, eure Handys und MP3-Player im Kopf. Andere wären froh, wenn sie was zu essen hätten und ihr macht euch Gedanken um eure neuen Schuhe. Die alten von letztem Monat sind ja nicht mehr in."

„Och, die armen Kinder in Afrika, oder was? Denkste die haben mehr zu essen, wenn ich Billigschuhe anziehe?", fragt Felix hämisch.

„Aber stimmt doch wirklich", sagt Hannah. „Wir machen uns Gedanken um unsere Frisuren und die wissen nicht, ob sie den nächsten Tag überleben."

„Mann, spinnt ihr jetzt alle, oder was ist hier los? Kommt, Leute, das kann ich mir nicht mehr anhören." Felix geht, aber nur Kai folgt ihm. Wir schauen ihnen hinterher: Manche von uns sind einfach nur wütend, manche sehen nachdenklich aus.

In zwei Wochen startet unsere Projektwoche. Dann können wir uns eine ganze Woche lang ausschließlich um unser Theaterstück kümmern. Die einzige Bedingung ist, dass alle mitmachen. Genau das ist aber das Problem: Kai und Felix haben sich abgemeldet. Ein paar andere haben sich ihnen angeschlossen. Typische Mitläufer.

Hannah sitzt in meinem Zimmer und trommelt mit den Fingern auf die Schreibtischplatte. „Das Stück fällt ins Wasser, wenn uns nichts einfällt", murmelt sie düster.

Ich bin genauso bedrückt, habe aber auch keine Idee. Wir haben uns schon so auf die Projektwoche gefreut, aber acht aus unserer Klasse sind ausgestiegen: keine Projektwoche, keine Theaterproben, keine Vorstellung.

„Du musst was unternehmen!", ruft Hannah.

„Ich? Wieso ich?", frage ich.

„Weil du Klassensprecherin bist."

„Na und? Was hat das denn damit zu tun?"

„Ich helfe dir ja, aber du musst die Initiative ergreifen."

„Ach ja? Wie denn? Soll ich die anderen an den Haaren zu den Proben ziehen?"

Hannah steht auf und geht in meinem Zimmer auf und ab. Sie knabbert nachdenklich an ihren Fingernägeln.

Ich habe wirklich keine Ahnung, was sie von mir erwartet. „Lass gut sein, Hannah. Vielleicht schaffen wir es, zwei oder drei zu überreden, aber Felix und Kai – niemals! Vergiss es."

„Dann platzt alles. Mensch, überleg doch mal, wie cool das wäre mit dem Theater. Wie die alle staunen würden. Unsere Eltern und Lehrer."

Ich hab keine Lust mehr, mit Hannah über Felix und das Theaterstück zu sprechen. Lieber würde ich mich mit ihr über Timo unterhalten. Aber daran scheint sie im Moment überhaupt nicht interessiert zu sein.

„Los, komm, wir gehen zu Felix und sprechen noch mal mit ihm."

„Spinnst du? Ich geh doch nicht bei Felix betteln."

„Dann mach ich es eben allein."

Wütend zieht Hannah ihre Jacke an und reißt meine Zimmertür auf.

Ich seufze. „Okay, warte, ich muss mir was anziehen."

Draußen regnet es in Strömen. Nach fünf Minuten sind wir klatschnass. Hannah scheint das überhaupt nicht zu stören. Ich verstehe nicht, was mit ihr los ist. Erst wollte sie nicht mitmachen und jetzt will sie nicht aufhören.

Wir wissen, wo wir Felix finden können – und nicht nur ihn: Er steht mit Timo, Kai und Marcel vor dem Supermarkt unter einem Dachvorsprung. Mein Herz schlägt bis zum Hals, als wir uns der Jungengruppe nähern. Ich weiß gar nicht, was ich sagen soll.

Aber Hannah fängt ohne Zögern an: „Leute, so geht das nicht. Mit dem Theater, meine ich. Wenn wir nicht alle mitmachen, dann gibt es keine Projektwoche."

Das ist Hannah. Sie macht sich nicht immer so viele Gedanken wie ich, sondern handelt einfach.

„Na und? Ist doch egal", Felix schaut sie gelangweilt an. „Dann haben wir unsere Ruhe. Ich hab sowieso keinen Bock, am ersten Tag der Weihnachtsferien in der Schule rumzuhängen."

„Aber es wäre doch cool, wenn wir so was machen", lässt Hannah nicht locker. „Ein Theaterstück zu Weihnachten hat's noch nie an unserer Schule gegeben. Keiner traut uns zu, dass wir das hinkriegen. Weißt du nicht mehr, wie sich Pi am Anfang über uns lustig gemacht hat. Soll der etwa recht behalten?"

Felix zuckt mit den Schultern. Ich wusste, dass es keinen Sinn hat, mit ihm zu reden. Wenn etwas nicht nach seinem Kopf geht, schmeißt er eben alles hin. Hannah kann sich ihre Mühe sparen. Das Blöde ist nur, dass er gleich sieben andere mitgezogen hat, die Mitläufer eben. Wenn es nur um Felix ginge, könnten wir das Projekt vielleicht noch retten.

„Also ich mache auf jeden Fall mit", sagt Marcel.

„Komm schon, Felix. Sag Frau Brüning, dass du auch dabei bist, dann muss wenigstens unsere Projektwoche nicht ausfallen. Überleg doch mal: eine Woche lang kein Mathe, kein Deutsch, kein Englisch, keine Hausaufgaben. Das ist doch cool, Mann. Nach der Projektwoche kannst du ja wieder aussteigen." Hannah ist genial! Ihre Einfälle überraschen sogar mich immer wieder. Sie hätte Klassensprecherin werden sollen, nicht ich.

Ich habe bisher noch gar nichts gesagt, wische mir die Regentropfen von der Nasenspitze und versuche Timo nicht die ganze Zeit anzustarren.

„So habe ich die Sache noch gar nicht gesehen. Stimmt eigentlich“, überlegt Felix und spuckt seinen Kaugummi auf den nassen Asphalt.

„Ja, genau“, stimmt Kai ihm zu, aber das überrascht niemanden.

„Abgemacht?“, fragt Hannah und streckt ihm ihre nasse Hand entgegen.

Felix schlägt ein. Geschafft! Unsere Projektwoche ist gerettet.

Auf dem Heimweg erklärt Hannah: „Du sagst Frau Brüning morgen, dass alle dabei sind, okay? Du bist die Klassensprecherin.“

„Aber das wissen wir doch noch gar nicht. Was ist zum Beispiel mit Nele?“

„Ich fresse einen Besen, wenn die nicht mitmacht, wo doch jetzt ihr großer Schwarm wieder dabei ist.“

„Timo hat auch nichts gesagt.“

„Der konnte nicht sprechen.“

Ich schaue Hannah fragend von der Seite an.

„Der war unter Hypnose“, lacht Hannah.

Ich frage lieber nicht nach, wie sie das meint.

„Meike, ich bin so froh. Jetzt klappt vielleicht doch noch alles.“ Hannah hakt sich bei mir ein und wir schlendern zufrieden nach Hause.

Die letzten zwei Wochen sind wie im Flug vergangen. Wir freuen uns alle total auf die Projektwoche, bis auf Felix und Kai. Die geben immer noch ihre blöden Bemerkungen ab, aber egal – Hauptsache, sie machen mit. Sollen sie sich doch in irgendeine Ecke setzen und mit ihren Handys spielen. Nur stören sollen sie uns nicht.

Ich habe den Eindruck, dass Felix eigentlich gern mitmachen würde. Wenn wir den Ablauf planen und über das Stück sprechen, hört er manchmal aufmerksam zu. Aber zugeben würde er das wohl nie.

Beim Lehrerkollegium kommt unser Projekt inzwischen gut an. Ich glaube, Herr Fischer, unser Schulleiter, ist ein bisschen stolz auf uns.

Im Kunstunterricht haben wir Einladungen gestaltet und sie ins Altenheim gebracht. Die Leiterin des Heims rief daraufhin Herrn Fischer an und sagte ihm, wie toll sie unsere Idee findet.

Und sogar Pi lacht nicht mehr über uns. Seit zwei Wochen sind die Physikstunden richtig spannend. Wir haben schon über viele Erfindungen des letzten Jahrhunderts gesprochen und Pi freut sich, wie interessiert und begeistert wir mitmachen.

Wir erfuhren, dass Eis am Stiel zufällig erfunden wurde: 1905 ließ ein elfjähriger Junge seinen Becher Limonade mit einem Löffel auf der Fensterbank stehen. In der Nacht wurde es so kalt, dass die Limonade gefror und er am nächsten Morgen das erste Eis am Stiel – also damals am Löffel – lutschen konnte. 18 Jahre später, als aus dem kleinen Jungen ein erwachsener Mann geworden war, wurde er mit dieser Erfindung berühmt.

Wir fanden heraus, dass 1903 der erste Teddybär genäht und 1928 der erste Fernseher der Welt vorgestellt wurde. Die ersten elektronischen Computer wurden 1946 entwickelt und die ersten Glühlampen von 1879 brannten nur 13 Stunden. Frauen trockneten ihre Haare früher mit einem kleinen Staubsauger, denn der Fön wurde erst 1920 erfunden.

Wir trugen so viele Informationen zusammen, dass Hannah bald keine Lust mehr hatte, Protokollführerin zu sein. Wir konnten unmöglich alle Neuerungen der letzten 100 Jahre in unser Theaterstück aufnehmen – schließlich soll das Stück nicht 24 Stunden dauern.

Wir einigten uns also auf den Computer, das Handy und den Fernseher.

Heute ist der erste Tag unserer Projektwoche. Ich sitze mit Martin, Hannah, Zehra, Alina, Timo und Gregor in unserem Klassenzimmer. Wir sind für die Texte verantwortlich. Hannah meint, Timo hat sich nur meinetwegen für die Textgruppe eingetragen. Ich weiß nicht, ob das stimmt. Aber insgeheim hoffe ich es natürlich.

Frau Brüning hat uns ihre Hilfe angeboten. Aber zunächst wollen wir es allein versuchen. Schließlich ist es ja unser Stück.

Bald rauchen die Köpfe. Es ist doch schwieriger, einen Text zu schreiben, als wir gedacht haben. Die Dialoge sollen ja locker wirken und Witz haben. Hannah notiert alles, was uns einfällt. Auf ihrem Blatt herrscht bald ein wildes Durcheinander. Ständig muss sie Wörter durchstreichen, neue Wörter darüberschreiben und einfügen.

Timos Handy piept. Er zieht es aus seiner Hosentasche und tippt. Dann liest er. Ich beobachte ihn genau. Von wem hat er die SMS wohl bekommen? Von Lisa? Leider zeigt sein Gesicht keine Regung. Er schaltet das Handy aus und steckt es zurück in die Tasche.

Was hat Felix gesagt? „Du warst der Schlechteste bei Pisa, ich lieb Dich trotzdem, Deine Lisa?" Ob sie das wirklich mal geschrieben hat?

„Irgendwie fehlt da noch was. Irgendwas Lustiges", sagt Zehra und reißt mich aus meinen Gedanken.

„Ein Erzähler", schlage ich vor. „Ein Erzähler, der in Reimen spricht. Das würde doch nett klingen."

„In Reimen? Wie kommst du denn darauf?", fragt Hannah verblüfft.

Ich merke, wie ich knallrot werde. „Einfach so", sage ich leichthin.

„Keine schlechte Idee. Sollen wir es mal versuchen?", fragt Martin.

„In seinem Zimmer sitzt der Fritz und erzählt sich einen Witz", gackert Alina.

„Ich hab's!", ruft Gregor. „An einem Abend, es war kalt, kam jemand aus dem Zauberwald."

„Schreib auf!“, fordert Zehra Hannah auf.

„Das reimt sich zwar“, wirft Hannah ein, „aber eine Außerirdische kommt nicht aus einem Zauberwald.“

„Das ist doch egal“, meint Gregor. „Ist doch nur eine Geschichte. Ob die jetzt aus einem Zauberwald kommt oder vom Stern, das interessiert doch keinen.“

Hannah verzieht den Mund, schreibt seinen Vorschlag aber auf.

„Oder so:“, ruft Timo, „Ein Ufo landet in dem Ort, als Fritz sich in der Nase bohrt.“

Wir müssen alle lachen, aber so bekommen wir natürlich keine vernünftigen Reime zustande.

„Passt auf, ich hab eine Idee“, sagt Martin. „Wir schreiben uns die Wörter auf, die im ersten Erzählerteil wichtig sind und vorkommen sollten. Zu Hause überlegt sich jeder passende Reimwörter und morgen fallen uns bestimmt gemeinsam die richtigen Verse ein.“

Alle sind froh über den rettenden Einfall. Martin sammelt unsere Wortvorschläge an der Tafel und wir notieren sie auf einem Blatt Papier: Nacht, Licht, fliegen, Stern, hell …

Als sich alle Gruppen zum Abschlussgespräch treffen, sind wir ein wenig enttäuscht. Die anderen sind viel weiter gekommen als wir. Sie haben bereits Kostüme für die einzelnen Rollen festgelegt und Skizzen der Modelle angefertigt. Andere haben ein Bühnenbild entworfen, überlegt, welche Requisiten wir benötigen und wer sie besorgen kann.

Aber wir haben ja noch vier Tage. Genug Zeit, um die Texte zu schreiben. Und dann können wir ziemlich stolz auf uns sein.

Die ganze Familie sitzt beim Abendessen. Das kommt nur noch selten vor, denn Marie ist ja meistens mit ihrem Freund unterwegs. Aber heute ist Freddy in der Fahrschule. Er ist nämlich schon 18 und will seinen Führerschein machen.

„Wie war denn der erste Tag eurer Projektwoche?", fragt meine Mutter.

„Ach, ganz gut. Ich bin in der Gruppe, die den Text schreibt. Wir wollen den Erzählerteil reimen. Aber das ist ganz schön schwierig. Wir sind noch nicht sehr weit gekommen."

„Hol doch mal ein Buch mit Gedichten aus dem Regal, da findest du viele Wörter, die sich reimen", schlägt mein Vater vor.

Ich gehe zum Bücherregal und ziehe einen Gedichtband heraus.

„Wofür brauchst du denn die Wörter?", fragt Max, während er mit seinen Apfelstücken spielt.

„Für das Theaterstück, Max", sage ich. „Du weißt doch, dass wir ein Stück aufführen werden."

„Spiel ich da auch mit?“, fragt er.

„Nein, nur die aus meiner Klasse“, antworte ich.

Max schaut mich enttäuscht an und blickt dann zu unserer Mutter. „Spielst du auch nicht mit?“

Mama schüttelt den Kopf.

„Und du?“, fragt er Marie.

„Nein, Max, ich auch nicht. Meike hat es dir doch gerade erklärt“, antwortet Marie genervt. Wahrscheinlich hatte sie heute wieder einen furchtbar anstrengenden Tag.

Max schaut traurig auf den Tisch. Ich streichle ihm tröstend über den Kopf. „Aber du darfst es dir ansehen.“

„Morgen?“, fragt Max und strahlt.

„Nein, einen Tag bevor der Weihnachtsmann kommt. Das dauert noch ein bisschen.“

Mein Vater schiebt seinen Teller zur Seite und legt die Zeitung auf den Tisch.

„Es ist kalt in der Nacht ... Wem fällt ein Reim dazu ein?“, frage ich.

„... als Meike in die Hosen macht“, ergänzt Marie.

Max prustet los und kleine Apfelstückchen fliegen über den Tisch.

„Max!“, ermahnt ihn Mama.

Ich schneide Marie eine Grimasse.

„Nacht, lacht, macht, sacht, acht, wacht, bedacht ...“, sagt meine Mutter.

„Oh, das ist gut, das schreib ich gleich auf!“, rufe ich und hole meinen Zettel aus der Tasche. Max kichert immer noch.

Mein Vater wirft ihm einen strengen Blick zu. „Jetzt hör auf zu lachen und mit deinem Apfel zu spielen. Iss auf und dann geht's ab ins Bett. Es ist gleich acht Uhr.“

Während ich schreibe, sagt Marie: „Es ist acht, fast schon Nacht, als Meike in die Hosen macht und der Max darüber lacht.“

Max bekommt so einen Lachanfall, dass er vom Stuhl rutscht und seinen Teller mit den Apfelstückchen mitreißt.

Zum Glück ist es ein Plastikteller. Aber mein Vater ist trotzdem sauer. Vielleicht, weil auch Mama und ich über Maries Witz lachen müssen.

„Da seht ihr, wo eure Albernheiten hinführen. Max liegt unterm Tisch, sein Essen auch und ihr lacht.“

„Ach, Jochen …“, versucht meine Mutter ihn zu beruhigen.

„Entschuldigung“, sagt Marie mit gespielter Freundlichkeit. „Gleich morgen mache ich ein Schild an die Eingangstür: In diesem Haus ist das Lachen strengstens verboten.“

Sie steht wütend auf und geht türenknallend in ihr Zimmer.

Vater schlägt seine Zeitung wieder auf und meine Mutter bringt Max ins Bett. Der plappert immer weiter: „In der Nacht, gleich acht, Meike in die Hosen macht, Max lacht."

Mal macht Marie in die Hosen, mal Mama, mal Papa, nur er nicht. Bei jedem neuen Reim muss Max mindestens genauso lachen, wie bei dem von Marie.

Wenig später sitze ich in meinem Zimmer und drei dicke Gedichtbücher liegen vor mir auf dem Schreibtisch. Gar nicht so einfach, so ein Theaterstück. Aber Spaß macht es trotzdem.

Heute ist es endlich so weit: Die Rollen werden verteilt! Keiner hat es zugegeben, aber wir alle haben diesen Augenblick schon gespannt erwartet.

Es gibt neun Rollen zu besetzen. Frau Brüning will mit der Verteilung nicht warten, bis das Theaterstück fertig geschrieben ist. So können die Schauspieler ihre Texte selbst weiterschreiben und schon mal anfangen sie zu lernen.

So wenig Lust wir anfangs hatten, bei dem Theaterstück mitzumachen, können wir nun kaum abwarten, es vorzuführen.

Felix' Eltern werden uns fünf Bleche Kuchen für das Büfett schenken. Das finde ich sehr großzügig von ihnen. Neles Vater arbeitet bei der Stadtzeitung und hat versprochen, an dem Abend Fotos zu machen und einen Artikel über unsere Aufführung zu schreiben. Die Mutter von Zehra und Bekir wird Tee in einem Samowar zubereiten. Pi, der so gespottet hat, wird nun die Beleuchtung der Bühne übernehmen. Inzwischen ist er sogar bei jeder Probe dabei. Pi sagt auch nicht mehr „Frau Kollegin" zu

Frau Brüning, sondern „Jana“. Er schaut sie außerdem irgendwie anders an als früher. Timo sieht mich leider nie so an, obwohl ich die ganze Zeit darauf warte.

Wir sitzen auf der Bühne. Pi hat nur wenige Leuchten eingeschaltet. Richtig feierlich ist die Atmosphäre. Wir rutschen unruhig auf unseren Stühlen hin und her.

Frau Brüning schaut uns der Reihe nach an und sagt mit ruhiger Stimme: „Ich bin stolz auf euch. Ihr arbeitet sehr fleißig mit. Am Anfang habe ich nicht gedacht, dass alles so gut laufen würde. Heute ist nun der große Tag gekommen. Wir werden die Rollen und die übrigen Aufgaben verteilen. Wer von euch würde denn gern auf der Bühne stehen und spielen?“

Wir schauen uns an, niemand meldet sich. Ich bin mir ziemlich sicher, dass einige gerne spielen würden, aber keiner traut sich.

„Na, nun mal nicht so schüchtern“, ermuntert uns Frau Brüning.

Plötzlich meldet sich Felix – und dann natürlich auch Kai. Ausgerechnet die! Das ist ja wohl hoffentlich ein schlechter Witz. Frau Brüning notiert sich die Namen. Sie sagt keinen Ton dazu. Die anderen aus meiner Klasse wundern sich genauso. Frau Brüning sollte nicht erlauben, dass die beiden spielen. Gibt doch nur Ärger mit denen. Ich könnte wetten, dass alle genauso denken wie ich, aber niemand sagt etwas. Ich auch nicht. Frau Brüning schaut wieder fragend in die Runde. Ihr Blick bleibt bei Martin hängen, aber der schüttelt sofort den Kopf. Martin hat tolle Ideen für den Text gehabt – aber auf der Bühne stehen? Ich glaube, das ist nichts für ihn.

Dann meldet sich Timo und langsam geht auch mein Arm in die Höhe. Ich weiß überhaupt nicht, wie das passieren konnte. Eigentlich wollte ich mit Hannah zusammen das Büfett organisieren und betreuen. Ich schaue unsicher zu ihr, aber da sehe ich, dass ihr Arm auch schon oben ist. Außerdem melden sich noch Zehra und Bekir, Natascha und Alina. Neun – wir sind komplett!

Frau Brüning verteilt Zettel mit dem Text der ersten Szene. In diesem Teil des Stücks kommen nur drei Personen vor: die Außerirdische, der Erzähler und Fritz. Aber Frau Brüning meint, das mache nichts. Sie teilt uns in drei Gruppen auf. Wir sollen den Text ein paarmal still lesen, dann auf der Bühne vorsprechen – vor all unseren Klassenkameraden! Gemeinsam wollen wir dann abstimmen, wer für welche Rolle geeignet ist.

Ich bin mit Hannah und Timo in einer Gruppe. Wir sind die Ersten, die auf der Bühne stehen. Als ich die anderen im Zuschauerraum sitzen sehe, zittern meine Beine und Hände. Es ist ziemlich dunkel und ich kann den Text kaum erkennen.

Vielleicht liegt das aber auch an meinen zittrigen Händen. Warum habe ich mich nicht einfach für das Kuchenbüfett entschieden? Das hätte ich wenigstens ohne Lampenfieber gekonnt. Ich ärgere mich über meine Entscheidung, aber einen Rückzieher kann ich jetzt auch nicht mehr machen.

Ich fange an, ich bin der Erzähler:

In einer kalten Winternacht,
hat Fritz das Essen sich gemacht.
Warm war es in der Stube nicht,

es brannte nur ein kleines Licht.
Als Fritz an seinem Tische saß
und seine dünne Suppe aß,
da plötzlich wurde es sehr hell,
der Fritz, der sprang vom Stuhle schnell.
Ein fremdes Wesen stand im Raum.
War's wirklich oder nur ein Traum?

Meine Stimme klingt ein bisschen dünn. Hoffentlich bemerken die anderen das Zittern nicht so. Danach sind Timo und Hannah dran. Hannah spielt die Außerirdische, die Fritz einen Wunsch erfüllen möchte. Bevor sie auf die Reise ins Jahr 2007 gehen, habe ich noch zwei Einsätze als Erzähler. Das klappt ein bisschen besser, meine Aufregung legt sich langsam und es fängt an, Spaß zu machen.

Als wir fertig sind, klatschen unsere Klassenkameraden. Und plötzlich fühle ich mich ganz wohl auf der Bühne. Meine Knie zittern nicht mehr und am liebsten würde ich den Applaus noch länger genießen. Aber nun sind die nächsten Gruppen dran und wir setzen uns ins Publikum.

Die anderen machen ihre Sache auch nicht schlecht. Vor allem Felix. Das hätte ich nicht gedacht, aber es passt mir nicht. Erst will er überhaupt nicht mitmachen, dann stört er unsere Proben und nun möchte er am liebsten eine Hauptrolle spielen – und ist auch noch gut dabei!

Als wir alle vorgesprochen haben, wird abgestimmt. Hannah bekommt die Rolle der Außerirdischen und ich werde Erzähler. Frau Brüning und die anderen sind der Meinung, dass ich das von allen Erzählern am besten gemacht habe. Eigentlich hätte ich auch gern eine richtige

Rolle gespielt, mit Kostüm und so, aber der Erzähler hat auch eine sehr wichtige Aufgabe, vielleicht die wichtigste überhaupt. Schließlich muss er spannend erzählen, damit sich die Zuschauer nicht langweilen.

Die Rolle des Fritz erhält doch tatsächlich Felix und nicht Timo. Schade, finde ich. Aber es stimmt leider, Felix hat es am besten gemacht. Timo wird den Sohn der Gastfamilie spielen und Alina die Tochter. Unsere Zwillinge Zehra und Bekir werden in die Rollen von Mutter und Vater schlüpfen und Kai wird sich als Weihnachtsmann verkleiden. Natascha wird als Oma in der Ecke sitzen und stricken.

Nun werden die übrigen Aufgaben verteilt. Wir brauchen drei Verkäufer für das Kuchenbüfett, zwei Platzanweiser, drei Begleiter für die Leute aus dem Seniorenheim, zwei für die Garderobe, eine Souffleuse und vier für die Requisiten. Die Souffleuse wird Nele sein. Das passt am besten zu ihr. Dann hat sie alles unter Kontrolle.

Ich gehe mit Timo und Hannah über den Schulhof.

„Mist, dass Felix die Rolle bekommen hat", sagt Timo.

„Finde ich auch nicht so toll. Aber er hat es wirklich gut gemacht", meint Hannah.

Timo läuft eine Weile schweigend neben uns her, dann sagt er: „Wäre doch schön gewesen, wenn ich den Fritz gespielt hätte."

Komisch, was will er denn damit sagen? Er schaut Hannah fragend von der Seite an. Hannahs Schritte werden immer schneller, als ob sie am liebsten wegrennen würde.

„Wir hätten nachmittags zusammen üben können." Timo flüstert diesen Satz fast.

Hannah wirft ihm einen bösen Blick zu. Wir hätten nachmittags zusammen üben können? Was soll das denn bedeuten? Hannah sagt nichts, aber sie fühlt sich nicht wohl, das merke ich. Ich kenne sie ja schon eine ganze Weile.

„Das können wir doch trotzdem machen", sage ich. Ich schöpfe Hoffnung. Schließlich wäre es doch gut, mit Erzähler zu üben. Es würde mich nicht stören, wenn Hannah auch dabei wäre. So könnte ich am Nachmittag mit Timo zusammen sein. Vielleicht fragt er mich dann mal, ob ich mit ihm gehen will.

Aber Timo reagiert nicht auf meinen Vorschlag und Hannah läuft so schnell, als würde sie von wilden Tieren verfolgt.

„Ich habe die Erzählerrolle bekommen!", juble ich schon im Flur. Marie und meine Mutter stehen in der Küche und bereiten das Abendessen vor. Freddy hat wahrscheinlich wieder Fahrschule.

„Herzlichen Glückwunsch", sagt meine Mutter. Marie gratuliert mir nicht, aber sie interessiert sich sowieso nicht für meinen Kram.

„Wann wird eure Vorführung denn beginnen?", fragt mein Vater, der wieder hinter seiner Zeitung steckt.

„Um 17 Uhr. Ab halb fünf ist Einlass", antworte ich.

„Wir dürfen nicht zu spät von zu Hause losgehen, Oma und Opa sind nicht mehr so schnell. Schön, dass sie euer Stück auch sehen können", sagt meine Mutter.

„Hört ihr mich mal ab? Ich muss den Text zwar nicht auswendig können, aber besser ist es schon, damit ich nicht immer auf das Blatt schauen muss." Ich bin inzwischen ziemlich stolz, dass ich mich getraut habe eine Rolle zu übernehmen.

„Nach dem Abendessen, wenn Max im Bett ist. Dann haben wir Ruhe. Ich bin schon sehr gespannt", verspricht meine Mutter, holt Teller aus dem Schrank und stellt sie auf den Tisch.

Als wir beim Abendessen sitzen, verkündet Marie: „Ich komme übrigens nicht zu deiner Aufführung."

Erstaunt blicken wir sie an. Aber Marie ist mit ihrem Wurstbrot beschäftigt. Ganz genau schneidet sie die Rinde von ihrer Brotscheibe ab und zerlegt sie in viele einzelne Stücke.

„Was soll das heißen, du kommst nicht mit? Weihnachten ist das Fest der Familie, das verbringen wir zusammen. Das ist doch wohl klar", sagt mein Vater.

„Ich habe aber keinen Bock auf euer Weihnachten. Jedenfalls nicht ohne Freddy."

„Freddy gehört nicht zur Familie", sagt mein Vater und betont dabei jedes einzelne Wort. Er klingt ziemlich verärgert, obwohl er sehr ruhig spricht. Aber wenn man seine Eltern kennt, dann weiß man ganz genau, wann sie sauer sind, auch ohne dass sie schreien.

„Carstenovas Freundin gehört auch nicht zur Familie." Oh, oh, meine Schwester hat sich verplappert.

Zum Glück gießt mein Vater gerade Milch in Max' Becher. Er hat wohl nicht richtig hingehört und fragt nur so nebenbei: „Wer gehört nicht zur Familie?"

„Die Freundinnen, mit denen Onkel Carsten immer hier ankommt. Ich hab keine Lust, mir deren Gequatsche anzuhören. Denk mal an die vom letzten Jahr."

„Was war mit der?", fragt mein Vater.

Das hätte er besser nicht tun sollen, denn jetzt kommt Marie so richtig in Fahrt. „Hast du schon vergessen, wie blöd sie die ganze Zeit gekichert hat und wie sie auf Carstens Schoß saß und ihn geküsst hat? Und denk mal daran, wie sie gegackert hat, als du als Weihnachtsmann verkleidet reinkamst."

Mein Vater wirft schnell einen besorgten Blick auf Max, dann schaut er Marie böse an. Nein, mein Vater kann nicht ernsthaft denken, dass Max noch an den Weihnachtsmann glaubt! Gut, im letzten Jahr war Max kleiner, aber jetzt weiß er ganz genau, dass es keinen Weihnachtsmann gibt. Er ist fast sechs! Marie hat also ganz bestimmt kein Geheimnis ausgeplappert.

Mein Vater liebt es, den Weihnachtsmann zu spielen. Er sagt, Weihnachten ohne Weihnachtsmann ist wie ein Auto ohne Räder. Er ist immer sehr enttäuscht, wenn eines seiner Kinder den Schwindel entdeckt.

Ob meine Eltern aus diesem Grund drei Kinder bekommen haben? So hatte mein Vater viele Jahre seinen großen Auftritt. Als Marie nicht mehr daran glaubte, spielte er für mich den Weihnachtsmann, und als ich zu alt dafür war, gab es schon Max.

„Du hast selbst jedes Mal genervt geschaut, wenn sie etwas gesagt hat." Marie versucht es noch mal, weil mein Vater beleidigt schweigt.

„Das war letztes Jahr. Von der hat sich Carsten schon längst wieder getrennt. Er ist mein Bruder, er gehört zur Familie und seine Freundin kann er natürlich mitbringen. Schluss jetzt."

Aber Marie lässt nicht locker: „Und ich bin deine Tochter. Warum darf ich dann nicht auch meinen Freund mitbringen?"

Mein Vater reagiert nicht.

„Weil ich dann Angst bekomme. Stimmt's, Papa?", fragt Max.

Marie schaut Max böse an. „Ist hier heute der Tag der kleinen Krümel oder warum mischst du dich ein?"

Max grinst. Er hat wahrscheinlich gar nicht verstanden, was Marie zu ihm gesagt hat, aber das Wort „Krümel" findet er lustig.

„Gut, wenn Freddy nicht zu uns darf, dann feiere ich eben mit ihm allein woanders Weihnachten."

„Ach ja? Wo denn?", fragt mein Vater.

Marie zuckt mit den Schultern.

„Wollt ihr euch vielleicht ein kleines Feuerchen im Wald machen und Lieder singen? Oh Tannenbaum, oh Tannenbaum, wir sind zu Hause abgehaun?", spottet mein Vater.

Ich muss lachen. Marie wirft uns beiden einen wütenden Blick zu. Max sitzt mit offenem Mund am Tisch und schaut von einem zum anderen. Für ihn ist das alles sehr spannend. Als er merkt, dass es nichts mehr zu hören gibt, beißt er wieder von seinem Brot ab. Alle kauen schweigend.

Nach dem Essen verschwindet Marie, um sich mit Freddy zu treffen. Meinen Text kann sie deshalb nicht hören. Aber meinen Eltern gefällt er. Bis zur Vorstellung werden sie ihn sicher noch einige Male hören. Hoffentlich haben sie dann überhaupt noch Lust, sich das Stück anzusehen.

Die Projektwoche hat sich gelohnt! Wir waren sehr fleißig und saßen jeden Tag bis zum späten Nachmittag in der Schule, um zu planen, zu organisieren, Bühnenbilder zu malen und Texte zu schreiben. Sogar kleine Tischlaternen für unser Café im Foyer haben wir gebastelt.

Das Stück ist fast fertig. Wir haben wirklich unterschätzt, wie schwierig es ist, einen Text zu gestalten. Und dann nervt auch noch Felix. Ich habe ja von Anfang an gewusst, dass es mit ihm nur Ärger gibt. Frau Brüning hat ihm ein altes Jackett von ihrem Opa mitgebracht. Doch Felix weigerte sich, es in seiner Rolle als Fritz anzuziehen.

„Ich lauf doch nicht mit so beschissenen Klamotten über die Bühne“, sagte er.

Dabei muss Fritz doch alte Sachen anhaben. Schließlich gab es damals noch keine Jeansjacken.

Alina schlug vor, dass sich Fritz und die Oma ineinander verknallen sollen und zusammen zurück ins Jahr 1907 gehen.

Aber Felix machte sie gleich blöd an: „Ich soll mich also in Natascha verknallen, ja? Mann, das wäre ja wirklich das allerletzte. Nicht mal im Märchen würde mir so etwas einfallen. Außerdem würde die Oma doch niemals freiwillig 100 Jahre früher leben wollen. Das glaubt ihr doch wohl nicht. Fritz könnte der Außerirdischen sagen, dass er im Jahr 2007 bleiben möchte, aber bestimmt nicht wegen Natascha."

„Weswegen denn sonst?", fragte Bekir.

„Wegen der ganzen coolen Sachen, die er sieht."

Da meinte Hannah: „Aber mit denen kann er doch gar nichts anfangen. Er wundert sich doch darüber, dass sich alle mit so komischen Dingen beschäftigen und dass sie nichts zusammen machen. Und die Oma wird vielleicht auch bedauern, dass Weihnachten jetzt so gefeiert wird. Die kennt das doch auch noch anders von früher."

„Na und? Das ist doch kein Grund, *100* Jahre früher leben zu wollen", erwiderte Felix.

Ich weiß nicht, ob es früher besser war. Die Menschen hatten ein ziemlich schweres Leben, glaube ich. Manchmal erzählen meine Großeltern davon. Unser Leben heute ist bestimmt anders, aber ob es immer einfacher ist, das weiß ich nicht.

„Wenn du entscheiden müsstest, ob du lieber heute oder früher leben würdest, was würdest du dann sagen?", frage ich meine Mutter.

Sie steht in der Küche und schält Kartoffeln. Max sitzt am Tisch und malt. Mein Blick schweift durch die Küche: Kaffeemaschine, Spülmaschine, Toaster, Waschmaschine, elektrischer Dosenöffner, Mikrowelle, Radio …

„Na ja, das lässt sich nicht so einfach beantworten. Wie viel früher denn?"

Ich zucke mit den Schultern. „Weiß nicht. Früher eben. Als es zum Beispiel noch nicht so viele Geräte für die Küche gab."

„Also auf eine Waschmaschine möchte ich nicht verzichten. Stell dir mal vor, wir müssten alles mit der Hand waschen oder in großen Kesseln auskochen. Das war schon eine sehr anstrengende Arbeit."

„Hatten wir schon immer eine Waschmaschine?"

„Wir schon, aber frag mal Oma und Opa. Als die klein waren, wurde alles ohne Maschine gewaschen. Da haben wir es heute schon viel leichter."

Ich schaue zu Max. Er malt viele bunte Blumen und ein Haus auf das Blatt. Meine Mutter spült die Kartoffeln im Waschbecken ab.

„Aber einige Dinge, die ich noch als Kind erlebt habe, die waren schon besser als das, was ihr heute erlebt."

„Ach ja? Was denn?"

„Wir haben mehr gespielt, draußen, meine ich. In der Straße, in der ich aufgewachsen bin, gab es viele Kinder. Am Nachmittag haben wir uns immer getroffen, ohne Verabredung. Es gab ja auch keine Handys, manche hatten noch nicht mal ein Telefon. Es fuhren auch noch nicht so viele Autos wie heute und wir konnten auf der Straße spielen. Das ist doch heute kaum noch möglich. Und alle spielten zusammen, die Großen mit den Kleinen, Jungen und Mädchen."

„Was habt ihr denn gespielt?", will Max wissen.

„Ach, alles Mögliche. Kinderspiele eben."

„Was denn für Kinderspiele?"

Meine Mutter stellt den Topf mit den Kartoffeln auf den Herd.

„Zum Beispiel ‚Wer hat Angst vorm schwarzen Mann?' oder ‚Fischer, Fischer, wie tief ist das Wasser?', Fußball, Völkerball. Manchmal haben wir uns auch mit Kreide Hüpfkästchen auf den Asphalt gemalt oder Verstecken gespielt."

„‚Fischer, Fischer, wie tief ist das Wasser?' kenne ich. Haben wir mal im Sportunterricht gespielt. Das macht Spaß", erzähle ich.

Max rutscht von seinem Stuhl herunter und ruft: „Ich spiele am liebsten Verstecken. Machen wir das mal?"

Ich schaue meine Mutter fragend an. Sie lächelt und sagt: „Na klar, warum nicht? Habe ich auch schon lange nicht mehr gespielt."

Wir gehen ins Wohnzimmer, unsere Küche ist für dieses Spiel zu klein. Max stellt sich in eine Zimmerecke und zählt bis 20. Weiter kann er noch nicht. Aber das reicht ja auch, um sich ein gutes Versteck zu suchen. Ich krieche unter das Sofa, meine Mutter stellt sich hinter den Vorhang.

Max ruft: „Ich komme!"

Ich sehe seine kleinen Füße, die durch das Wohnzimmer tippeln, stehen bleiben, sich drehen und weiterlaufen. Ich habe mich ganz hinten an die Wand gequetscht. Er muss selbst fast unter das Sofa kriechen, wenn er mich finden will.

Ich höre, wie sich die Wohnzimmertür öffnet und sehe große Füße. „Hallo? Ist keiner zu Hause?", fragt Marie.

„Wir spielen Verstecken. Du musst uns suchen!", ruft Max zurück. Er hat sich auch schnell ein Versteck gesucht.

„Mann, ich hab Hunger. Wo ist denn Mama?"

„Versteckt", tönt Max. Durch sein Rufen erkennt Marie natürlich sofort, dass er hinter dem Sessel hockt.

„So, ich hab dich", sagt Marie ziemlich genervt. „Und wo ist nun Mama?"

„Musst du suchen", gibt Max zurück. Man hört ihm an, dass er enttäuscht ist, dass Marie ihn so schnell gefunden hat.

„Mama, ich will essen. Ich muss gleich wieder weg. Nun lasst doch den Kinderkram." Aber meine Mutter rührt sich nicht. Marie schaut hinter den anderen Sessel und dann entdeckt sie mich unter dem Sofa. Sie schneidet mir eine Fratze und sucht weiter. Als sie den Vorhang zur Seite zieht und meine Mutter dort bewegungslos steht, schreit Marie vor Schreck laut auf. Max, meine Mutter und ich müssen lachen. Marie tippt sich an die Stirn und geht in ihr Zimmer.

Als wir wieder in die Küche kommen, ist das Kartoffelwasser übergekocht. Hässliche braune Flecken haben sich um die Kochplatte herum gebildet und es riecht leicht verbrannt.

„Egal", sagt meine Mutter und schaltet die Temperatur der Kochplatte runter.

Max hüpft um den Küchentisch herum und lacht vor Freude über den Schrecken, den Marie bekommen hat. Schade, dass ich schon so erwachsen bin. Sonst würde ich nämlich gern noch eine Runde Verstecken spielen.

Die Schlange an der Supermarktkasse ist ziemlich lang. Ungeduldig warte ich, dass es endlich weitergeht. Ich muss in einer Stunde bei der Theaterprobe sein, vorher noch den Einkauf nach Hause bringen und die Kochtöpfe vom Mittagessen spülen. Meine Mutter stellt die Töpfe und Pfannen nie in den Geschirrspüler. Sie meint, die würden zu viel Platz wegnehmen. Ich hasse diese Arbeit. Immer kleben kleine Kartoffelstückchen am Topfrand und die Pfannen sind fettig und schmierig. Hoffentlich ist Max bald alt genug, um auch mal den Spüldienst zu übernehmen. Die Frau, die gerade ihre Einkäufe bezahlt, kramt ewig in ihrer Geldbörse nach einzelnen Centstücken. Langsam werde ich ungeduldig. Wenn es nicht bald weitergeht, komme ich zu spät zur Probe.

„… und dann hat er einfach Schluss gemacht?", höre ich eine Stimme hinter mir.

Ich drehe mich vorsichtig um. Hinter mir steht eine ziemlich dicke Frau und schaut mich an. Die beiden Mädchen, die sich gerade unterhalten, sind noch hinter ihr, aber sie verdeckt sie fast komplett.

„Ja, stell dir das mal vor. Ich dachte, ich spinne. Wegen dieser blöden Kuh."

„Das ist echt gemein. Die sollten wir uns mal auf dem Schulhof vornehmen. Ich kann mir gar nicht vorstellen, was an der so toll sein soll."

Ich krame am Regal mit den Süßigkeiten und versuche an der Dicken vorbei einen Blick auf die Mädchen zu erhaschen. Mein Herz klopft bis zum Hals, als ich Lisa erkenne. Schnell drehe ich mich wieder um und lausche gespannt.

„Ach, der findet die doch gar nicht so toll. Das ist doch alles nur wegen diesem Scheißtheaterstück. Timo hat von nichts anderem mehr geredet. Probe hier, Probe da und dann immer mit dieser Ziege zusammen."

„Spielt die denn auch eine Rolle?"

Lisa antwortet nicht. Wahrscheinlich nickt sie gerade.

Ich werd verrückt! Die reden über mich! Klar, über wen denn sonst?

Hannah hatte recht: Timo ist in mich verknallt! Er hatte nur noch nicht den Mut, mir das zu sagen. Er hat mit Lisa

Schluss gemacht, weil er in mich verliebt ist. Mein Herz schlägt wie irre.

„Wir gehen am besten gar nicht hin, wenn die ihre Generalprobe machen und wir zusehen sollen."

„Oder wir brüllen immer dazwischen. Das ist noch viel besser."

„Ich finde das sowieso nervend. Die geben total an mit ihrer Weihnachtsgeschichte."

„Und die von der Zeitung wollen auch noch einen Bericht darüber schreiben."

„Was?", fragt Lisa entsetzt. „Wen interessiert das?"

Ich muss grinsen. Das passt Lisa natürlich gar nicht. Ein Zeitungsartikel über unsere Schule und sie ist nicht dabei!

„Ist Timo denn nun mit …"

„Was ist denn jetzt?", beschwert sich die Frau hinter mir. Ich bin längst dran. Ich habe so angestrengt gelauscht, dass ich es gar nicht bemerkt habe. Mit ausgestreckter Hand wartet die Kassiererin ungeduldig auf mein Geld. Völlig durcheinander krame ich in meiner Hosentasche

nach dem Schein meiner Mutter. Das Wechselgeld stopfe ich schnell in meine Tasche zurück, werfe den Einkauf in den Beutel und verlasse den Supermarkt, ohne mich noch einmal umzudrehen. Am liebsten würde ich nach Hause hüpfen oder besser noch zu Hannah rennen und ihr die Neuigkeiten erzählen. Zum Glück sehe ich sie ja gleich.

Ich komme gerade noch rechtzeitig. Die Schauspieler sind alle schon da. Bekir und Zehra können heute nicht dabei sein, deshalb hat Frau Brüning Martin gebeten, uns beim Texten zu helfen.

Das Stück ist witzig geworden, hat aber einen ernsten Hintergrund. Vor ein paar Tagen meinte Hannah: „In der Kinowerbung heißt es doch: ‚Nach diesem Film werden sie Lust haben, sich richtig zu verlieben.' Und nach unserer Vorführung werden die Leute eben Lust haben, richtig gemütlich Weihnachten zu feiern. Fritz hat ja dann allen, die es vergessen haben, gezeigt, wie man das macht."

Es fehlt nur noch die letzte Szene. Am Schluss soll Fritz wieder in das Raumschiff steigen und davonfliegen. Eigentlich sollte das kein Problem sein, aber Felix und Kai machen eins daraus.

Nele stellt die Stühle runter. Sie ist keine Schauspielerin, aber sie meint, als Souffleuse muss sie immer dabei sein. Ich schätze, sie will vor allem wegen Felix mitmachen.

Leider habe ich nun keine Gelegenheit mehr, mit Hannah zu sprechen. Ich muss mich bis nach der Probe gedulden. Das fällt mir ziemlich schwer. Vorsichtig schaue ich zu Timo. Er sitzt mir genau gegenüber. Ob er mich vielleicht heute nach der Probe fragt?

„Also ich finde, dass Fritz am Ende keine Lust haben sollte, wieder in sein Jahr zurückzukehren“, sagt Felix.

Frau Brüning nickt nachdenklich und sieht in die Runde. „Alle der gleichen Meinung?“

Martin schaut zu Hannah. Sie kaut wieder mal an ihrem Kugelschreiber.

„Der würde sich bestimmt gar nicht zurechtfinden, wenn er im Jahr 2007 bleiben würde“, meint Alina.

„Genau, das wäre doch lustig! Er zieht bei der Familie ein und dreht total durch. Muss ins Irrenhaus oder so“, brüllt Kai und lacht.

„Mann, halt doch mal die Fresse“, fährt Felix ihn an. Kai schaut verdutzt, ist aber still.

„Also ich bin dafür, dass Fritz sich freut, dass er wieder zurück kann“, schlägt Timo vor.

Hannah stimmt ihm zu: „Der Zusammenhalt der Menschen war früher viel besser. Es gab bestimmt weniger Neid. Damals ging es noch um ganz andere Dinge. Die Menschen haben sich untereinander viel mehr geholfen.“

„Woher willst du das denn wissen? Hast du auch schon eine Zeitreise gemacht oder was?“, meckert Felix.

„Ha, ha. Frag doch mal deine Eltern oder Großeltern, dann wüsstest du mehr darüber“, antwortet Hannah schnippisch.

„Genau“, werfe ich ein, „meine Mutter sagt, dass es die Kinder heute nicht mehr so gut haben wie sie damals. Als Kinder haben sie den ganzen Tag draußen gespielt und hatten Spaß zusammen …“

„Und deine Mutter hat 1907 gelebt, ja?“, fällt Felix mir ins Wort. „Warte mal, dann ist sie jetzt … Na egal, jedenfalls über 100 Jahre alt. Sieht noch gar nicht so alt aus.“

Er hält Kai seine Hand hin und der schlägt ein. Kai ist wohl nicht nachtragend.

„Überlegt doch mal, wenn der zurück will, dann muss er noch mindestens einen Weltkrieg miterleben, vielleicht sogar zwei. Und darüber soll er sich jetzt freuen, ja?“, sagt Felix und schaut in die Runde.

Nele, Timo und Kai nicken zustimmend. Das Argument von Felix macht uns alle ziemlich sprachlos. Irgendwie hat er recht, auch wenn ich es ungern zugebe. Felix ist zufrieden. Er fordert Hannah auf: „Los, schreib auf. Fritz bittet die Außerirdische darum, dass er bleiben darf. So, nun kann er in Ruhe Weihnachten feiern und Penizillin schlucken und fertig.“

„Genau, keiner knallt ihn ab und alles ist Friede, Freude, Eierkuchen“, stimmt Kai zu.

„Das ist doch Blödsinn“, wendet Martin ein.

Hannah legt ihren Stift aus der Hand und seufzt.

„Na ja, ich mein ja nur … Heute ist auch nicht alles Friede, Freude, Eierkuchen. Es sterben ja immer noch Menschen in Kriegen.“

„Ja, aber doch nicht bei uns“, sagt Timo.

„Nein, nicht bei uns …“

„Mann, Leute, ich hab heute noch was vor. Können wir nicht mal zum Ende kommen? Das dauert und dauert“, unterbricht Felix ihn.

„Und wenn sie sich irgendwo auf der Welt die Köpfe einschlagen, dann haben wir doch nichts damit zu tun. Mann, das ist Millionen Kilometer weit weg“, sagt Kai.

„Das stimmt doch gar nicht“, sagt Alina plötzlich.

„Ach nein?“, fragt Felix spöttisch.

„Nein. Du hast nämlich null Ahnung.“

„Aber du, ja? Du hast einen Krieg miterlebt, oder was? Warst du auch im Raumschiff unterwegs? Mann, das ist ja irre, meine halbe Klasse hat schon eine Zeitreise gemacht.“

„Nein, dass musste ich gar nicht. Da, wo ich herkomme, war vor Kurzem Krieg. Und das ist keine Millionen Kilometer von hier entfernt.“

„Ja, klar …“, sagt Felix und tippt sich an die Stirn.

Alle starren Alina an. Sie sieht so aus, als würde sie ihre letzten Sätze sehr bedauern. Natürlich warten wir alle gespannt auf eine Erklärung. Alina schaut zu Boden und spricht leise weiter. „Meine Eltern sind mit meinem Bruder geflüchtet. Der war gerade erst geboren …“

„Aha, und dann ist der als Säugling mit seinem Schnuller im Mund …“

„Halt die Klappe, Felix!“, schnauzt Frau Brüning ihn an. Wir schauen uns verwirrt an. So etwas hat sie noch nie gesagt. Aber ich finde es gut, dass Frau Brüning Felix endlich mal zurechtweist.

„Meine Eltern hatten ein schönes kleines Häuschen in Dubrovnik“, fährt Alina fort. „Das ist eine Stadt in Kroatien. Das Haus kenne ich aber nur von Bildern. Dort hat die ganze Familie zusammen gewohnt, mit meinen Großeltern und meinem Onkel. Als der Krieg ausbrach, wurde unser Haus zerstört. Meine Eltern sind weggegangen, aber mein Opa und meine Oma wollten ihr Land nicht verlassen. Wir lassen uns nicht vertreiben, haben sie gesagt. Jetzt ist mein Opa tot. Wenn er mitgegangen wäre, würde er vielleicht noch leben. Ich kenne ihn gar nicht." Alina hat Tränen in den Augen. Frau Brüning streichelt ihr über den Rücken.

Ich würde mir wünschen, dass Alina mehr darüber erzählt. Aber ich traue mich nicht, sie danach zu fragen. Meine Großeltern reden auch nicht gern über den Krieg. Wenn ich sie früher danach gefragt habe, haben sie immer schnell das Thema gewechselt. Mein Opa und meine Oma haben im Krieg beide ihre Eltern verloren, das weiß ich von meiner Mutter.

Alina hat sich wieder ein bisschen beruhigt. Sie kramt in ihrem Rucksack nach einem Taschentuch.

Felix kippelt mit seinem Stuhl und fragt: „Können wir jetzt weitermachen? Ich hab nicht den ganzen Tag Zeit."

Ich könnte Felix eine klatschen. So ein blöder Idiot!

„Weißt du was, Felix, ich glaube, es ist besser, wenn du gehst. Wir schaffen den Rest auch ohne dich. Und wenn du eine so wichtige Verabredung hast, dann solltest du sie nicht verpassen."

Felix starrt Frau Brüning überrascht an. Damit hat er wohl nicht gerechnet. Doch er fängt sich schnell wieder und streift sich betont cool seine Jacke über. „Aber wenn ihr euch hier irgendeinen Scheiß ausdenkt, dann könnt ihr euch einen anderen Fritz suchen. Komm, Alter", sagt er zu Kai. Der steht wie ferngesteuert auf und verlässt gemeinsam mit seinem Freund das Klassenzimmer.

Wir atmen erleichtert auf.

Eine halbe Stunde später steht die letzte Szene. Wir haben uns darauf geeinigt, dass Fritz weder traurig noch froh über seine Abreise ist. Er fährt einfach wieder zurück mit angenehmen, aber auch verwirrenden Erinnerungen an ein ganz anderes Weihnachtsfest. Und die Familie, bei der er zu Gast war, möchte ihr Weihnachtsfest zukünftig anders verbringen, gemütlicher und ruhiger – und auf jeden Fall zusammen.

Als wir den Raum verlassen, hat es Hannah sehr eilig. Sie sagt: „Tschüss, alle zusammen“, und rennt los.

„Hannah“, rufe ich ihr hinterher, „warte doch mal! Ich muss dir was erzählen.“

„Kann nicht. Meine Mutter steht vor der Schule. Wir fahren zu meiner Oma, die hat Geburtstag. Bis morgen!“, ruft Hannah durch das Treppenhaus und verschwindet.

Na ja, dann hat sie eben Pech und erfährt die Neuigkeiten erst morgen.

Am nächsten Morgen treffe ich Martin auf dem Weg zur Schule. Er steht bei Willys Sohn an der Bude und kauft sich ein Brötchen. Wir gehen zusammen weiter.

„Haben wir doch gut hinbekommen den Text, oder?", versuche ich ein Gespräch anzufangen.

Martin nickt nur.

„Schade, dass du nicht mitspielst." Keine Ahnung, warum ich das sage. Wahrscheinlich, weil mir nichts Besseres einfällt. Eigentlich ist es mir nämlich völlig egal, ob Martin mitspielt oder nicht. Ich kenne ihn kaum. Wir gehen zwar seit über einem Jahr in die gleiche Klasse, aber ich habe fast noch nie mit ihm gesprochen, außer bei der Vorbereitung für unser Theaterstück. Eigentlich weiß ich nichts über ihn, nicht mal, ob er nett ist. Jedenfalls hat er nicht so eine große Klappe wie manch andere Jungen aus unserer Klasse, und das finde ich gut.

Kurz bevor wir in die Straße einbiegen, die zu unserer Schule führt, bleibe ich stehen. Martin sieht mich fragend an.

„Ich warte auf Hannah. Wir treffen uns immer hier."

Das stimmt nicht ganz. In letzter Zeit kam sie oft erst angerannt, wenn ich schon auf dem Schulhof war.

Martin stellt sich zu mir. Mist! Wenn er dabei ist, kann ich Hannah nichts von dem Gespräch im Supermarkt erzählen.

„Ach so“, sagt Martin, „aber das kann noch ein bisschen dauern. Sie ist auf dem Spielplatz.“

„Auf dem Spielplatz?“, wiederhole ich verwundert.

„Ja, mit Timo. Seit einer Weile treffen sie sich morgens dort. Ich muss immer da lang, da sehe ich sie.“

Verstört schaue ich Martin an. Mein Herz schlägt schneller und meine Stimme klingt piepsig, als ich frage: „Was machen sie denn da?“

„Nichts. Nur quatschen. Sie gehen doch zusammen.“

Das muss ein Traum sein, denke ich. Gleich wache ich auf. Gleich ist alles wieder gut.

„Woher weißt du das?“, frage ich.

„Timo hat es mir erzählt. Mist, du wusstest es gar nicht, oder?“

Ich schüttle den Kopf.

„Es soll keiner wissen. Aber ich dachte, dass du es … Na ja, weil Hannah doch deine beste Freundin ist.“

Völlig verwirrt gehe ich mit Martin auf das Schultor zu. Deshalb kam Hannah morgens immer so spät. Deshalb hatte sie nachmittags nur noch selten Zeit. Und deshalb hat sich Hannah nach der letzten Probe so merkwürdig benommen.

Nicht über mich hat Lisa mit ihrer Freundin geredet, sondern über Hannah!

Martin sieht mich von der Seite an. Ich spüre, dass er auf einen Kommentar wartet, aber ich kann nichts sagen.

Meine Kehle ist wie zugeschnürt. In meinem Kopf geht alles durcheinander. Timo und Hannah? Ich kann das nicht glauben, ich will das nicht glauben!

Hannah stürmt in die Umkleidekabine, als wir anderen fast fertig sind. In Windeseile zieht sie sich ihre Sportsachen an. Ab und zu schaut sie zu mir und lächelt. Sie lächelt! So, als ob überhaupt nichts passiert wäre. Ich sehe weg. Schöne Freundin!

Im Sportunterricht spielen wir Völkerball. Hannah gehört zur gegnerischen Mannschaft. Ich bekomme den Ball zugespielt, ziele auf Hannah und treffe sie mit voller Wucht. Sie beginnt zu wanken. Ich bin selbst überrascht, wie heftig mein Wurf war. Hannah schaut mich fassungslos an. Auch die anderen aus der Klasse wundern sich. Aber mir ist alles egal.

Den ganzen Tag gehe ich Hannah aus dem Weg. Der Unterricht läuft wie ein Film an mir vorbei.

Nach der Schule stehe ich allein auf dem Schulhof. Mein Magen tut weh, ich habe seit dem Frühstück nichts gegessen. Der ganze Tag war schrecklich. Am liebsten würde ich die Probe heute Nachmittag ausfallen lassen. Ich möchte nur nach Hause und mich unter meiner Bettdecke verkriechen. Aber das geht nicht. Wir haben nur noch zwei Wochen Zeit bis zu unserer Aufführung. Jede Probe ist wichtig.

Als ich in die Aula komme, stehen Hannah und Timo schon auf der Bühne. Auch die anderen sind schon da. Ich krame meinen Text aus der Tasche und gehe nach oben.

„Wird ja Zeit“, schnaubt Nele. Sie sitzt am Bühnenrand auf einem kleinen Stuhl hinter dem Vorhang.

„Halt die Klappe“, zische ich.

Frau Brüning klatscht in die Hände und ruft: „So Herrschaften, wir sind vollständig. Lasst uns anfangen!“

Timo und Hannah gehen nach hinten, Felix nimmt seinen Platz am Tisch ein. Er zündet seine Kerze an. Das ist mein Zeichen. Es geht los.

In einer kalten Winternacht,
hat Fritz das Essen sich gemacht.
Es war nicht warm in seiner Stube.

Nele flüstert: „Falsch! *Warm war es in der Stube nicht.*“
Ich werfe einen bösen Blick in ihre Richtung.
„Fang noch mal an“, sagt Frau Brüning. Felix stöhnt.
Ich räuspere mich und beginne von vorn:

In einer kalten Winternacht,
hat Fritz das Essen sich gemacht.
Warm war es in der Stube nicht,
es brannte nur ein kleines Licht …

Ich spreche meinen Text fehlerfrei, aber viel zu leise. Ein Mitschüler fordert mich auf, lauter zu reden, und bringt mich damit fast aus dem Konzept. Aber ich schaffe es heute nicht, meiner Stimme mehr Kraft zu geben.

Meinen zweiten Einsatz verpasse ich und sage dann auch noch den Text, der erst viel später dran wäre.

Unterbrechung! Schon wieder meinetwegen. Die anderen murren genervt.

Beim dritten Versuch verhaue ich den Text völlig und weiß gar nichts mehr. Ich starre auf die Kerze, die auf dem Tisch steht, und habe nur zwei Wörter im Kopf: Hannah und Timo.

„Was hast du denn, Meike? Geht's dir nicht gut?" Frau Brüning sieht mich besorgt an.

Ich schüttle den Kopf. Eigentlich kann ich meinen Text längst. Seit wir die Rollen verteilt haben, übe ich ihn jeden Tag. Fast jeden Abend hören meine Eltern mich ab. Ich habe ihnen meinen Part schon so oft vorgespielt, dass sie fast mitsprechen können. Aber im Moment ist mein Kopf leer.

„Möchtest du eine kurze Pause machen?", fragt Frau Brüning.

„Mann, dann soll jemand anderes Meikes Rolle übernehmen. Die soll erst ihren Text lernen!", brüllt Felix in die Aula.

Der hat's nötig. Er kann seinen Text überhaupt noch nicht. Alles muss er vom Blatt ablesen, dabei hat Frau Brüning ihm schon ein paarmal gesagt, dass es jetzt langsam Zeit wird, die Rolle auswendig zu lernen.

Normalerweise lasse ich mir solche Kommentare nicht gefallen, aber jetzt fehlen mir die Worte. Ist mir auch egal. Sollen sie sich doch einen anderen Erzähler suchen. Ich werfe Felix einen bösen Blick zu und hoffe, dass er wütend und nicht zu traurig wirkt.

„Da brauchst du gar nicht so blöd zu schauen", sagt er gehässig. „Stimmt doch, was ich sage. Entweder machst du Fehler oder du bist zu leise. Frau Brüning, ich finde, jemand anderes sollte die Erzählerrolle übernehmen. Meike versaut uns alles."

„Das musst du gerade sagen. Du kannst es doch selber nicht", verteidigt mich Hannah.

Eigentlich sollte ich ihr dankbar sein, aber ich bin es nicht. Sie soll mich einfach in Ruhe lassen. Ich will ihre Hilfe nicht, nicht mehr.

Frau Brüning kommt auf die Bühne. Tränen schießen mir in die Augen. Jetzt nur nicht heulen, nicht vor Hannah, nicht vor Felix und nicht vor den anderen.

„Willst du nach Hause gehen?", fragt sie sanft.

Ich nicke, stecke den Text in meine Tasche, nehme meine Jacke und gehe, ohne jemanden anzusehen.

Der kalte Wind brennt auf meinen Wangen, als ich nach Hause renne. Zum Glück ist niemand in der Wohnung. Ich wasche mir im Bad das Gesicht und lege mich auf mein Bett.

Jemand rüttelt leicht an meiner Schulter. Es ist schon dunkel draußen, ich muss eingeschlafen sein. „Du hast Besuch. Steh auf, es ist schon sechs", sagt meine Mutter.

Hannah sitzt im Wohnzimmer und spielt mit Max Memory. Max strahlt über das ganze Gesicht. Memory ist sein Lieblingsspiel, weil er immer gewinnt. Hannah lächelt mich an. Die hat Nerven. Dass die sich hierher traut! Sitzt mit meinem kleinen Bruder auf unserem Teppich und tut so, als ob nichts passiert wäre.

„Geh weg“, sagt Max zu mir. Er fürchtet, dass ich ihm seine Spielpartnerin wegnehme.

Hannah ist schon aufgestanden. Ich sehe sie erwartungsvoll an. Was will sie hier?

Meine Mutter bringt auf zwei Tellern Pfefferkuchen. Einen stellt sie Max hin, den anderen drückt sie mir in die Hand.

Wenig später sitze ich mit Hannah auf meinem Bett.

„Ich wollte nur mal sehen, ob du wieder gesund bist“, sagt sie.

„Ich war nicht krank“, antworte ich schnippisch.

„Ach so.“

Hannah schaut mich von der Seite an und beißt unbeteiligt von ihrem Pfefferkuchen ab. Ich spiele mit dem

Zipfel meiner Bettdecke. An meinem Fenster hängt eine Lichterkette mit weißen Sternen. Ich zähle die Lämpchen.

„Hast du irgendwas?", fragt Hannah.

Ich schüttle den Kopf ein wenig. Tut sie nur so ahnungslos oder weiß sie wirklich nicht, was los ist?

Sie hat schon den zweiten Pfefferkuchen in der Hand und betrachtet nun auch interessiert die leuchtenden Sternchen an meinem Fenster.

„Sollen wir ein bisschen üben?", schlägt sie vor.

„Nö, keine Lust. Außerdem kann ich meinen Text. Nur vorhin nicht, weil ..."

„Weil?", drängelt Hannah.

Mein Herz beginnt heftig zu schlagen. „Ich war heute nicht so gut drauf."

„Hab ich gemerkt. Du warst den ganzen Tag so komisch. Was ist denn los?"

Ich schweige. Hannah nimmt meine Hand, aber ich ziehe sie weg.

„He, ich bin deine beste Freundin. Sag schon."

Ich springe auf, der Teller kippt zur Seite und die Pfefferkuchen rutschen auf meine Bettdecke. „Schöne beste Freundin!", platzt es aus mir heraus. „Du hast mir Timo weggeschnappt! Erst so tun, als ob du mir helfen willst, und dann nimmst du ihn dir als Freund!"

Hannah starrt mich mit offenem Mund an.

Ich baue mich vor ihr auf. „Das hast du nicht gedacht, dass ich das weiß! Hast gedacht, die blöde Meike, die bekommt sowieso nicht mit, dass ich mich jeden Morgen mit Timo auf dem Spielplatz treffe. Aber da hast du dich geirrt. Ich weiß alles. Und du willst meine beste Freundin sein?"

„Aber … aber, das war … das war nicht so. Das war … das war ganz anders“, stammelt Hannah.

Sie klingt fast genauso schlimm wie ich heute Nachmittag bei der Probe. Und sie spricht genauso leise. Triumphierend verschränke ich die Arme.

„Das war nicht so, Meike, ganz ehrlich“, verlegen spielt nun sie mit dem Zipfel meiner Decke. „Das war ganz anders.“

Mit hochgezogenen Brauen blicke ich auf sie hinunter.

„Ich hab mich mit Timo nur deinetwegen getroffen. Ich war nicht verliebt in ihn. Ich wollte nur mit ihm reden, damit du mit ihm zusammenkommst. Ich wollte ihn fragen, ob er mit dir gehen will. Deswegen haben wir am Spielplatz gequatscht. Ich hab da morgens auf ihn gewartet. Nur deinetwegen, ehrlich.“

Traurig versuchen mich ihre großen Augen zu überzeugen.

„Und deswegen habt ihr euch *jeden* Morgen getroffen?“ Ich glaube ihr nicht.

„Nein, nur einmal. Aber irgendwie kamen wir nicht dazu, über dich zu reden. Ich hab es immer wieder versucht, aber Timo hat nur vom Theater gequatscht und von den Proben und so, das passte irgendwie nicht. Nach der Schule hab ich es dann auf dem Weg nach Hause wieder probiert, hab ihn noch mal gefragt wegen Lisa und so. Na ja, und dann hat Timo jeden Morgen auf dem Spielplatz auf mich gewartet. Vorgestern hat er mich dann gefragt, ob ich mit ihm gehen will.“ Nervös kaut Hannah auf ihrer Unterlippe.

Ich werde immer ruhiger. Mein Herz schlägt nicht mehr so schnell und ich bin auch nicht mehr so wütend.

Hannah ist ziemlich bedrückt. Aber leid tut sie mir deswegen nicht.

„Und, was hast du geantwortet?", frage ich.

„Dass ich es mir noch überlegen muss", sagt Hannah.

„Du hättest gleich Nein sagen müssen."

Hannah nickt niedergeschlagen und schaut auf den Fußboden.

„Hast du aber nicht. Weil du doch in ihn verliebt bist." Ich hoffe, dass Hannah das bestreiten wird. Macht sie aber nicht. Sie zuckt nur mit den Schultern.

Ich drehe mich von ihr weg und stelle mich ans Fenster. Mein Atem beschlägt die Fensterscheibe. Mit dem Finger male ich ein Herz auf das Glas. Aber welche Buchstaben soll ich hineinschreiben? H und T oder M und T?

„Du hättest mit mir reden müssen", sage ich leise.

Hannah nickt wieder. Ich stehe mit dem Rücken zu ihr, doch sehe ich ihr Spiegelbild in der Scheibe.

„Das wollte ich auch, aber irgendwie … na ja, ich hab mich nicht getraut."

Timo war nie in mich verliebt. Er spielt nicht meinetwegen beim Theater mit, sondern wegen Hannah. In sie ist er schon die ganze Zeit verliebt, nicht in mich. Komisch: Jetzt, wo ich darüber nachdenke, finde ich das gar nicht so schlimm.

„Ich werde ihm morgen sagen, dass ich nicht mit ihm gehen will", verspricht Hannah schließlich.

Ich setze mich wieder neben sie aufs Bett und lege die Pfefferkuchen zurück auf den Teller.

„Unsere Freundschaft ist mir wichtiger", erklärt sie.

Ich nicke. Ich habe keine Lust mehr, darüber zu reden. Von dem Gespräch, das ich im Supermarkt belauscht habe, erzähle ich nichts. Aber ich glaube Hannah. Man kann sich nicht aussuchen, in wen man sich verliebt. Das hat Marie auch gesagt, als meine Eltern wissen wollten, wie sie an Freddy geraten ist. Trotzdem hätte Hannah es mir sagen müssen.

Wir üben doch noch ein bisschen. Meinen Text kann ich wieder wie im Schlaf. Ich muss nicht ein einziges Mal auf meinen Zettel schauen.

Bevor Hannah nach Hause geht, holen wir heimlich das Weihnachtskostüm meines Vaters aus dem Keller. Wir brauchen es für unser Theaterstück, aber ich wage es nicht, ihn danach zu fragen. Ich fürchte, dass er sein Kostüm niemals ausleihen würde. Also müssen wir es rausschmuggeln. Heiligabend wird es wieder unversehrt in der Kiste liegen.

Als ich im Bett liege, fühle ich mich wieder besser. Ich hole mein Handy unter die Bettdecke und schreibe noch schnell eine SMS: „Du kannst ruhig Ja sagen. Macht mir nichts mehr, ehrlich. Gute Nacht ☺"

Ich finde mich ziemlich nett, als ich die SMS abschicke, und schlafe zufrieden ein.

Heute findet unsere Generalprobe statt. Zum ersten Mal werden wir vor fremdem Publikum spielen. Die anderen beiden sechsten Klassen dürfen uns zuschauen.

Wir üben den gesamten Ablauf. Sogar die Platzanweiser müssen arbeiten und wir treten in Kostümen auf. Frau Brüning will unseren Auftritt filmen und jedem eine CD davon brennen. Dann können wir sehen, wie wir spielen, und uns noch verbessern.

Zehra steht hinter dem Vorhang und lugt durch einen kleinen Schlitz. „Sie sind alle da", flüstert sie und wickelt nervös eine Haarsträhne um den Zeigefinger. Bekir knabbert aufgeregt an seinen Fingernägeln.

Hannah jammert: „Ich muss zum Klo." Sie trägt ein langes weißes T-Shirt, an das wir alte CDs genäht haben. Sie sieht wirklich aus wie eine Außerirdische.

„Du warst gerade", erinnere ich sie.

Hinter der Bühne herrscht hektische Aufregung. Zwar kennen wir unsere Mitschüler aus der 6a und 6c gut, aber ihnen etwas vorzuspielen ist natürlich etwas ganz anderes. Ich habe ziemliches Lampenfieber.

Felix lacht: „Macht euch mal nicht in die Hosen." Er zieht sich gelassen das alte Jackett an und warnt mich boshaft: „Und nicht, dass du es heute wieder versaust."

„Hoffentlich kannst *du* deinen Text", gifte ich zurück. Ich finde es immer noch falsch, dass er eine Hauptrolle spielt. Er tut immer so cool, als wäre er der Beste von uns allen. Dabei machen alle ihre Sache gut. Rumstänkern, das kann er gut.

Frau Brüning wünscht uns viel Glück und verschwindet mit ihrer Kamera im Zuschauerraum.

Es geht los. Ich fange an. Meine Stimme zittert ein bisschen, aber ich spreche laut und deutlich. Nele bekommt nichts zu tun. Fehlerfrei und ohne zu stocken, trage ich meinen Text auswendig vor.

Zwischen meinen Einsätzen versuche ich die Gesichter der Zuschauer zu erkennen. Aber es ist zu dunkel. Ich sehe nur Martin und Pascal. Sie sind Platzanweiser und sitzen hinten an den beleuchteten Ausgangstüren.

Der Vorhang fällt. Das Stück ist aus. Wir bekommen langen Applaus. Zwischendurch höre ich Pfiffe und ich frage mich, ob die zum Beifall gehören oder ob das Lisa war. Wir verbeugen uns mehrmals und sind ziemlich stolz und erleichtert.

Felix hat zweimal Neles Hilfe gebraucht und ich bilde mir ein, dass seine Stimme leicht gezittert hat. Vielleicht war er doch aufgeregt und wollte es nur nicht zugeben.

Die Vorstellung hat Spaß gemacht. Nun kann ich es kaum erwarten, die Filmaufnahme zu sehen. Nur noch vier Tage, dann ist Premiere.

Am nächsten Morgen bekommen wir ein großes Lob von Frau Brüning. Sie erzählt, wie sich Herr Fischer über unseren Einsatz freut und dass die anderen beiden sechsten Klassen unser Stück richtig gut fanden. Im nächsten Jahr wollen sie auch eine Weihnachtsaufführung machen. Im Lehrerzimmer sind wir *das* Gesprächsthema! Die Klassenlehrerinnen der 6a und 6c haben ihren Kollegen von unserem Stück vorgeschwärmt. Wir sind ziemlich stolz auf uns, obwohl wir unseren richtigen Auftritt noch vor uns haben.

Auf dem Schulhof stehen Felix und Lisa zusammen. Aber nicht so unsicher wie Timo und ich damals. Ganz im Gegenteil. Sie quatschen und lachen zusammen, als wäre es das Normalste der Welt.

Ich bleibe dicht neben den beiden stehen, knabbere an meinem Pausenbrot und schaue mich mit gespielter Langeweile auf dem Schulhof um. Ich möchte unbedingt hören, worüber sich ein Junge und ein Mädchen so allein unterhalten. Vielleicht verliebe ich mich ja noch mal in einen anderen Jungen. Dann möchte ich wissen, was ich am besten sagen kann, wenn ich ihm gegenüberstehe.

„Wir machen im nächsten Jahr auch einen Weihnachtsabend. Aber nicht so einen Kinderkram wie ihr“, sagt Lisa abfällig.

Felix strahlt sie an. Warum erwidert er nichts? Warum erlaubt er ihr, so über unser Stück herzuziehen?

Hannah gesellt sich zu mir und will mir etwas erzählen. Ich halte den Finger auf meinen Mund und deute mit dem Kopf in Richtung Felix und Lisa. Hannah versteht sofort und ist still.

Bei den meisten Mädchen unserer Schule ist Lisa nicht besonders beliebt. Sie macht sich über andere lustig, wenn sie nicht so coole Klamotten tragen. Lisa ist eine eingebildete Kuh. Sie kommt sich so superschön vor. So gesehen passt sie sehr gut zu Felix. Okay, Lisa sieht ganz gut aus und viele Jungen hätten sie gern als Freundin. Aber sie benimmt sich so bescheuert. Das muss doch jeder Junge sofort merken.

„Na ja, ist schon ziemlich kindisch, finde ich auch. Was wollt ihr denn machen?“, höre ich Felix fragen.

„Irgendwas Cooles. Vielleicht eine Modenschau oder ‚Deutschland sucht den Superweihnachtsmann‘ oder so.“

„Witzige Idee. Aber mit denen aus meiner Klasse kann man so was nicht machen. Die sind eben noch Kinder.“

„Aber dass *du* so einen Scheiß mitmachst …“

Felix zuckt mit den Schultern.

So ein Verräter!

Lisa hat Hannah und mich entdeckt und mustert uns von oben bis unten. Abfällig sagt sie: „Da ist ja unsere Außerirdische. Na, alles klar auf deinem Planeten?“

Hannah reagiert nicht, aber ich sehe ihr an, dass sie sich beherrschen muss.

Lisa lässt nicht locker. „Hör mal, euer Stück ist ziemlich scheiße, finde ich. Weißt du eigentlich, wie albern du aussiehst in deinem Kostüm? – Warum macht ihr nicht was Lustiges?“, wendet sie sich wieder an Felix. „Also wir machen was anderes im nächsten Jahr. Dann könnt ihr euch mal ’ne richtig gute Weihnachtsshow ansehen.“

„Halt die Klappe, Lisa. Du bist doch nur sauer, weil das nicht eure Idee war“, faucht Hannah.

„Spinnst du? Denkst du, auf so was bin ich neidisch?“ Empört stemmt Lisa die Arme in die Seite.

„Klar, du findest doch alles blöd, wenn du nicht im Mittelpunkt stehst.“

„Mann, setz dich in dein Raumschiff und hau ab“, kommt Karolina ihrer Freundin zu Hilfe.

„Haut ihr doch ab“, gebe ich zurück.

„Misch du dich nicht ein.“

„Ihr seid nur sauer wegen Hannah.“

„Ach ja? Wie kommst du denn darauf?“, fragt Lisa spöttisch.

„Ja, Lisa, du warst doch so eifersüchtig auf Hannahs tolles Kostüm“, gackert Karolina. „Das wollten wir uns heute Nachmittag auch gleich machen. Das sieht ja soooo toll aus.“

Felix grinst Lisa an.

„Nee, nicht wegen Hannahs Kostüm – wegen Hannahs Freund. Und weil er deswegen mit dir, Lisa, Schluss gemacht hat“, gebe ich ruhig und ziemlich cool zurück, wie ich finde.

Für einen Moment verschlägt es allen die Sprache, sogar Hannah. Selbst Felix' Lachen verzieht sich zu einer blöd grinsenden Grimasse.

„Das glaubst du doch wohl selbst nicht. Ich hab mit Timo Schluss gemacht, nicht er mit mir. Und wenn ich will, dann kann ich ihn auch wieder zurückhaben, jeder Zeit. Aber ich will nicht. Verstehst du das?", sagt Lisa aufgebracht.

„Aha. Und deshalb warst du auch so verärgert, dass du unsere Aufführung stören wolltest."

„Was? Du spinnst doch!", ruft Karolina, die nun auch ihre Sprache wieder gefunden hat.

„Na, wenn ich mich richtig erinnere, wolltet ihr doch entweder gar nicht zur Vorstellung kommen oder sie durch Zwischenrufe stören."

Karolina und Lisa werfen sich einen unsicheren Blick zu. Wahrscheinlich befürchten sie, dass ich Gedanken lesen kann.

Ich könnte mich kaputtlachen. Es ist so toll, wenn man mehr weiß als alle anderen!

Es klingelt zum Unterricht. Schade eigentlich, ich bin gerade so richtig in Fahrt gekommen. Und das ist bei mir selten der Fall.

Auf dem Weg in den Klassenraum sage ich zu Hannah: „Mann, Felix lacht über Lisas Witze, als ob er mit dem Stück gar nichts zu tun hätte."

„Der ist verknallt in Lisa."

„Meinst du?"

„Klar, das merkt man doch sofort."

Ich schaue Hannah zweifelnd an. Sie glaubt dauernd, dass sie weiß, wer gerade in wen verliebt ist. Aber richtig liegt sie dabei wohl nicht immer. Wenn ich da so an das letzte Mal denke …

„Sag mal, hast du dir das vorhin alles ausgedacht?“

Ich schüttle den Kopf.

„Woher weißt du das?“

„Geheim“, flüstere ich ihr ins Ohr.

Am Abend tagt unser Familienrat. Wenn wir den Familienrat einberufen – meistens macht das meine Mutter –, dann geht es um wichtige Dinge, die uns alle betreffen. Oft sind es unerledigte Hausarbeiten: den Müll runterbringen oder unsere Wäsche einsortieren.

Beim Familienrat herrschen sehr strenge Regeln: Man muss den anderen immer aussprechen lassen, darf nicht laut werden und das Handy muss ausgeschaltet sein. Das nervt vor allem Marie. Sie kann nämlich besonders gut telefonieren, schreien und andere unterbrechen. Max, der im nächsten Jahr eingeschult wird, darf eigentlich auch teilnehmen, aber heute ist er schon im Bett.

Wir sitzen am Küchentisch und meine Eltern machen sehr ernste Gesichter.

„Es geht um den Besuch von Oma und Opa zu Weihnachten", fängt meine Mutter an und schaut Marie dabei an. „Eigentlich sollen die beiden wieder in deinem Zimmer schlafen …"

Marie tut unbeteiligt und studiert das Muster der Tischdecke.

Mein Vater räuspert sich und sagt etwas lauter: „Mit diesen schrecklichen Plakaten an der Wand geht das aber nicht. Deine Großeltern werden sich zu Tode erschrecken, wenn sie das sehen. Und deshalb bitten wir dich, die Poster abzunehmen. Meinetwegen kannst du sie später wieder aufhängen, aber jetzt kommen sie ab."

Meine Mutter legt meinem Vater beschwichtigend eine Hand auf den Arm. Er hat eine weitere wichtige Regel nicht beachtet: Während des Familienrats werden keine Befehle erteilt. Man spricht über alles in Ruhe und sucht nach Kompromissen.

Kein Wunder, dass Marie sofort sauer wird. Sie liebt ihre Poster und beim Abnehmen könnten sie leicht einreißen. „Wenn ich sie abmache, gehen sie kaputt", sagt sie pampig.

„Das mag sein, aber wenn du sie nicht abnimmst, dann können Oma und Opa nicht schlafen", widerspricht meine Mutter.

Ich glaube, dass sie damit ein bisschen übertreibt. Gelangweilt schaue ich von einem zum anderen. Eigentlich weiß ich gar nicht, was ich hier soll.

„Dann müssen sie eben woanders schlafen", sagt Marie.

„Na, jetzt bin ich aber gespannt. Bitte, ich warte auf Vorschläge", erwidert mein Vater ironisch.

„Sie könnten bei Meike schlafen", meint Marie.

Oh, jetzt wird es interessant. Ich komme also doch noch ins Spiel.

„Macht mir nichts aus", sage ich.

„So ein Blödsinn!", ruft mein Vater. „Sie hat doch nur ein schmales Bett. Du bist die Einzige, die ein großes Bett im Zimmer hat."

„Okay, dann können sie ja bei Max im Zimmer schlafen, der hat auch eine breite Matratze", sagt Marie.

„In dem Hochbett? Bist du verrückt? Deine Großeltern sind über 70. Überleg mal, wie sie da hochkommen sollen, in ihrem Alter."

Meine Mutter schaut Marie freundlich an und sagt: „Ich verstehe nicht, warum du dich so anstellst. Oma und Opa sind immer so lieb zu dir. Warum lässt du sie denn nicht in deinem Zimmer schlafen? Es sind doch nur vier Nächte. Das wird doch wohl mal gehen. Und wir legen dir wieder die Matratze unter das Hochbett von Max."

„Ich lass sie doch in meinem Zimmer schlafen, aber die Poster häng ich nicht ab. Das ist schließlich mein Zimmer, da kann ich machen, was ich will."

„Oh nein, mein Fräulein", schreit mein Vater, „das kannst du nicht! Immerhin bezahlen wir die Miete und …"

„Ich schließlich auch", unterbricht ihn Marie wütend. Dann steht sie auf und geht in ihr Zimmer. Sie knallt die Tür zu. Wie immer. Das kann sie auch gut.

Zwei Minuten später steht Max in der Küche, reibt sich die Augen und fragt: „Was is'n los?"

Ja, das ist unser Familienrat: Mein Vater schreit, Marie geht einfach, Mama ist sauer, weil sich keiner an die Regeln hält, und Max ist aufgewacht.

Der Haussegen hängt mal wieder richtig schön schief. Und das drei Tage vor Weihnachten.

Weihnachten läuft bei uns immer gleich ab: Am Tag vor Heiligabend bereitet meine Mutter den Kartoffelsalat zu, während meine Oma den Weihnachtspunsch ansetzt. Mein Vater schmückt mit meinem Opa den Weihnachtsbaum. Meistens streiten sie sich dabei über Politik. Marie sitzt in ihrem Zimmer und sieht fern. Ich helfe immer in der Küche, weil mir sonst langweilig wird.

Wenn der Kartoffelsalat und der Weihnachtspunsch fertig sind, rühren wir eine riesige Schüssel mit Waffelteig an. In unserer Familie mag niemand Weihnachtsstollen. Deshalb essen wir immer Waffeln. Waffeln mit heißen Kirschen, Schokocreme, Puderzucker, Eis oder bunten Streuseln. Darauf freue ich mich immer am meisten und Max auch.

Nach dem Kaffeetrinken und Waffelessen holt mein Vater das Kostüm aus dem Keller und bügelt es. Dann darf niemand ins Schlafzimmer, obwohl sowieso jeder weiß, was er dort tut.

Dieses Jahr wird er es hoffentlich erst am Heiligen Abend bügeln wollen, denn am Tag davor sind wir ja nachmittags in der Schule. Bis dahin wird es dann wieder im Keller liegen. Ein bisschen Angst habe ich schon, dass er sein Kostüm bei unserer Vorstellung erkennt. Aber Hannah meint, dass Weihnachtsmannkostüme alle gleich aussehen.

Am 24. gehen mein Vater und mein Opa immer spazieren, meistens mit Max. An der Bude vom alten Willy haben sie früher immer ihre erste Pause gemacht und ein bisschen gequatscht. Aber seit Willy im Seniorenheim ist und sein Sohn den Kiosk übernommen hat, machen die beiden keine Budenpause mehr.

Nachmittags treffen wir uns zu unserem zweiten Waffel-Kaffee-Klatsch. Inzwischen ist Onkel Carstenova meist schon da. Und natürlich seine Freundin.

Dann müssen wir nacheinander unsere Geschenke bei meinem Vater im Schlafzimmer abgeben. Er legt sie in einen alten Sack, nicht ohne vorher ganz genau überprüft zu haben, ob auch alle Päckchen mit Namen versehen sind. Mein Vater fürchtet nichts mehr, als dass sein Auftritt als Weihnachtsmann irgendwie schiefgehen könnte und er zum Beispiel nicht weiß, für wen ein Geschenk ist.

Vor der Bescherung essen wir Würstchen mit Kartoffelsalat. Das gab es bei meinen Großeltern schon, als meine Mutter noch klein war.

Irgendwann verschwindet mein Vater und wir warten im Wohnzimmer. Er klopft an die Tür und wird hereingelassen. Mit verstellter Stimme verteilt er die Geschenke und manchmal singen wir zusammen ein Lied für den Weihnachtsmann.

Wenn mein Vater später ohne Kostüm zurückkommt, sieht er immer sehr glücklich aus. Ich glaube, seine Geschenke sind ihm nicht so wichtig. Hauptsache, er kann seine Rolle spielen und große Augen sehen ihn dabei erwartungsvoll und ein bisschen ängstlich an.

In diesem Jahr wird er es besonders schwer haben, denn selbst Max weiß nun, dass es keinen echten Weihnachtsmann gibt. Es ist erstaunlich, dass sich Max nicht schon viel eher gewundert hat, dass mein Vater gerade dann nie da ist, wenn der Weihnachtsmann kommt. Aber ich glaube, das ist Marie und mir auch nicht aufgefallen, als wir noch klein waren.

„Na, mein großes Mädchen“, sagt Opa und gibt mir zur Begrüßung einen Kuss auf die Wange. Oma nimmt mein Gesicht in beide Hände und stellt fest, dass ich in der letzten Zeit ziemlich gewachsen sei. Ich setze mich zu ihnen an den gedeckten Kaffeetisch. Max hat schon einen schokoladenverschmierten Mund.

Gerade als ich von unserem Theaterstück erzählen will, kommt Marie ins Wohnzimmer. Oma und Opa starren sie mit großen Augen an. Oma legt ihre Kuchengabel auf den Tellerrand und öffnet den Mund ein wenig. Es sieht so aus, als wollte sie etwas sagen. Aber Maries Anblick verschlägt ihr wohl die Sprache. Das kommt nicht oft vor. Meiner Oma fällt eigentlich immer etwas ein.

Opa steht auf, geht auf sie zu und fragt: „Na, warst du zu Gast bei Frau Holle?“ Dann umarmt und küsst er sie herzlich.

Zu Gast bei Frau Holle? Versteh ich nicht. Max offensichtlich auch nicht. Er setzt sich auf Opas Schoß und dann flüstern die beiden. Plötzlich lacht Max und ruft: „Pechmarie, Pechmarie!“

Marie rollt mit den Augen. Nachdem sie auch Oma begrüßt hat, setzt sie sich zu uns.

Oma streichelt über Maries schwarze Haare und fragt: „Was ist dir denn passiert, mein Kind?"

„Nichts", sagt Marie und nimmt sich ein Stück Kuchen.

„Das ist wegen Freddy, stimmt's, Pechmarie?", fragt Max.

Schnell legt Opa seine Hand auf den Mund von Max. „So, so", sagt er dann und zwinkert Marie zu, „und wer ist das, dieser Freddy?"

Noch bevor Marie antworten kann, kräht Max: „Das ist ihr neuer Freund, der sieht total gruselig aus."

Mein Vater schaut Max streng an.

„Aha, du hast einen neuen Freund. Wussten wir gar nicht." Oma isst ihren Kuchen weiter, sieht aber andauernd zu Marie. Ich sitze ihr gegenüber und beobachte, wie sie auf Maries gefärbte Haare starrt, auf ihre Fingernägel und ihre schwarzen Klamotten. Ganz leicht schüttelt sie dabei ihren Kopf. Mein Opa benimmt sich ganz normal: Er macht Faxen mit Max und spricht mit Marie, als wenn nichts wäre.

Marie erzählt von ihrer Ausbildung, Max vom Kindergarten und dann bin ich an der Reihe. „Ich möchte euch einladen. Morgen führt meine Klasse in unserer Schulaula ein Theaterstück auf. Wir haben es selbst geschrieben. Das wird euch bestimmt gefallen. Es handelt von einem Mann, der im Jahr 1907 lebt und einen Tag im Jahr 2007 erleben darf. Er fliegt mit einem Raumschiff durch die Zeit und feiert mit einer Familie von heute Weihnachten. Es ist ziemlich witzig. Habt ihr Lust?"

„Natürlich!" Meine Oma strahlt mich an.

„Das finde ich eine tolle Sache, Meike. Wir freuen uns. Ich war schon lange nicht mehr im Theater“, sagt Opa.

„Meike spielt mit!“, ruft Max – und etwas traurig ergänzt er: „Ich spiel nicht mit.“

„Nein“, sagt meine Oma und streichelt über seinen Kopf, „aber wenn du größer bist, dann machst du das vielleicht auch und dann schauen wir *dir* zu.“

Das versöhnt ihn wieder.

Nach dem Kaffeetrinken wollen Oma und Opa ihre Sachen in Maries Zimmer bringen. Marie springt auf. „Ich komme mit“, sagt sie schnell und wirft Papa einen verächtlichen Blick zu.

Wir bleiben im Wohnzimmer sitzen. Gespannt schauen wir zur Tür. Meine Eltern wechseln einen besorgten Blick. Sie tun gerade so, als müssten sie gleich den Notarzt rufen.

Nach einer Weile kommen unsere Großeltern zurück. Unsicher schauen wir sie an.

„Was ist los?“, fragt meine Oma.

„Die Poster …“, stammelt meine Mutter.

„Ach, glaub mal bloß nicht, dass du in dem Alter nur schöne Bilder an den Wänden hängen hattest. So sind die jungen Leute nun mal. Kein Problem. Nachts haben wir sowieso die Augen zu“, beruhigt sie mein Opa.

Oma nickt und Marie schneidet meinem Vater eine Grimasse.

Ich habe letzte Nacht fast kein Auge zugemacht. Gestern Abend habe ich mir die CD noch mehrmals angesehen. Mir ist aufgefallen, dass ich viel zu leise spreche und Felix öfter hängen bleibt. Ich habe Angst, dass wir uns alle blamieren werden.

Meine Eltern und meine Großeltern haben auch zugeschaut. Sie fanden die Aufführung toll. Als die Stelle kam, an der Kai im Weihnachtsmannkostüm meines Vaters auftritt, habe ich besorgt meinen Vater beobachtet. Er hat nichts bemerkt. Ich darf nach der Vorstellung auf keinen Fall das Kostüm vergessen. Wenn mein Vater ohne Weihnachtsmannmantel dasteht, flippt er aus.

Beim Frühstück bringe ich keinen Bissen runter. Ich blicke ständig auf die Uhr und zähle die Stunden, bis es losgeht. Um halb vier wollen wir uns alle in der Schule treffen. Frau Brüning meint, es macht keinen Sinn, vor der Aufführung noch einmal zu proben. Wir hätten es zwar besser gefunden, aber vielleicht hat sie ja recht. Mein Lampenfieber ist schon so stark, dass ich eine Probe wahrscheinlich gar nicht mehr durchstehen würde.

Meine Mutter schneidet Kartoffeln für den Salat, Marie rührt den Teig für unsere Weihnachtswaffeln und Oma setzt den Punsch an. Ich sitze in der Küche und schaue ihnen zu. Sonst helfe ich immer, aber heute kann ich nicht. Ich bin zu nervös. Am liebsten wäre es mir, wenn wir schon alles hinter uns hätten. Warum hab ich mich bloß darauf eingelassen? Wenn ich nicht mit Hannah zur ersten Probe gegangen wäre, dann hätte ich jetzt kein Problem. Dann hätte es das Theaterstück niemals gegeben. Nur mit Martin, Felix und Gregor hätte Frau Brüning kein Stück auf die Beine stellen können. Hätten wir doch bloß die Finger davon gelassen. Dann würde ich jetzt schön die Gurken für den Kartoffelsalat schneiden oder mit Max Plätzchen backen. Stattdessen kaue ich an meinen Fingernägeln und überlege mir, was alles schiefgehen könnte. Was, wenn ich meinen Text vergesse? Mir fällt ein, dass Neles Vater heute Fotos für die Stadtzeitung machen will. Ich male mir aus, wie auf der Titelseite ein großes Foto von mir prangt mit dem Untertitel: „Meike Brückner verpatzt ihren Einsatz beim Weihnachtstheater, aber Nele Steinbach, die wunderbare Souffleuse, hilft ihr aus der Patsche."

Marie schaut mich fragend an. Ich gucke weg. Sie findet meinen Theaterauftritt sowieso schwachsinnig und dabei sein möchte sie eigentlich auch nicht. Mein Vater hat ihr erlaubt, sich am Heiligen Abend eine Stunde mit Freddy zu treffen, aber nur, wenn sie mit zu meiner Aufführung kommt.

„Das ist ja ein supertolles Angebot", hat Marie zu meinem Vater gesagt, aber das hat sie natürlich ironisch gemeint.

„Wenn deine Schwester einen Auftritt hat, für den sie so lange geprobt hat, dann wirst du auch dabei sein", antwortete mein Vater. „Die ganze Familie ist dabei, das gehört sich so. Wenn du unbedingt mit deinem Freddy zusammen sein willst, dann soll er doch auch mitkommen."

„Denkst du, der will sich so einen Kinderkram ansehen?", fragte Marie.

Aber mein Vater gab ihr darauf keine Antwort.

Nun kommt sie also mit, aber Lust hat sie überhaupt nicht. Deshalb freue ich mich auch nicht darüber. Soll sie doch mit Freddy im Park rumknutschen. Ist mir lieber, als wenn sie die ganze Zeit in der Aula sitzt und ein langes Gesicht zieht.

Ich gehe in mein Zimmer und rufe Hannah an. Sie ist nicht zu Hause. Wahrscheinlich ist sie mit Timo unterwegs. Was die beiden wohl machen, wenn sie zusammen sind? Ob sie sich auch küssen? Ich nehme mir fest vor, Hannah danach zu fragen, aber erst nach unserem Auftritt.

In zwei Stunden holt sie mich ab.

Die letzte halbe Stunde habe ich unruhig am Fenster nach Hannah Ausschau gehalten. Ich bin froh, als sie endlich vor meiner Tür steht. Es ist so weit. Jetzt gibt es kein zurück mehr.

Bis auf Frau Brüning und Pi ist noch keiner da. Die beiden sitzen auf der Bühne am Tisch und trinken Kaffee. Dabei machen sie ziemlich lange Gesichter.

„Die Zwillinge sind krank“, empfängt uns Frau Brüning. „Ihre Mutter hat mich gerade angerufen. Sie ist mit ihnen beim Arzt. Könnte sein, dass sie Windpocken haben. Vielleicht ist es auch nur eine Allergie.“

„Was?“, rufe ich bestürzt. „Aber dann fehlen uns die Mutter und der Vater. Das geht nicht. Was machen wir denn jetzt?“ Das kann nicht wahr sein, das darf nicht wahr sein!

Frau Brüning zuckt traurig mit den Schultern. Pi streichelt ihr leicht über den Arm.

Das ist eigentlich eine Sensation, die wir den anderen aus unserer Klasse sofort berichten müssten. Aber jetzt sind wir einfach froh, dass Pi versucht sie zu trösten.

Als alle nach und nach eingetrudelt sind, überlegen wir, wie wir das Stück auch ohne die beiden spielen können. Noch vor einer Stunde wäre mir nichts lieber gewesen, als dass die Vorstellung platzt. Aber mein Lampenfieber ist wie weggeblasen. Ich möchte spielen, unbedingt.

Erwartungsvoll schaue ich Hannah an. Sie hat immer eine gute Idee. Aber sogar sie scheint ratlos zu sein.

„Wir können jetzt nicht mehr absagen. Die Leute aus dem Seniorenheim freuen sich doch schon. Das geht nicht. Wir müssen uns was einfallen lassen. Wir haben so lange daran gearbeitet", jammert Alina.

Betreten sehen wir uns an. Es ist noch stiller als in Pis Unterricht.

Hannah zieht ihr Kostüm aus der Tüte. „Macht euch mal keine Gedanken. Wahrscheinlich haben sie Nüsse gegessen."

Wir schauen sie fragend an.

„Na ja, Nussallergie", sagt Hannah. „Noch nie davon gehört? Die kommen schon noch."

„Und wenn nicht?", gibt Natascha zu bedenken.

„Wenn nicht, dann fällt uns auch was ein. Wir spielen auf jeden Fall. Zur Not streichen wir eben den Vater und haben nur eine Mutter – alleinerziehend."

„Und wer soll die Mutter spielen?", fragt Alina.

Hannah streift sich ihr Kostüm über und zupft es zurecht. Sie ist die Ruhe selbst. Manchmal wäre ich gern ein bisschen wie sie.

„Na Nele."

„Ich?", schreit Nele entsetzt auf.

„Klar, wer denn sonst? Als Souffleuse kennst du als Einzige den kompletten Text. Du machst das schon."

Nele bekommt rote Flecken im Gesicht.

Alle stimmen Hannah zu. Sie hat recht. Nele kann wahrscheinlich jede Rolle auswendig sprechen.

„Und wer soll dann die Souffleuse sein?“, fragt Nele.

„Niemand. Wir haben doch unsere Texte drauf. Wird schon schiefgehen. Ihr werdet sehen: Wenn wir beginnen, sind Zehra und Bekir vom Arzt zurück und spielen mit – und Nele kann sich wieder hinter dem Vorhang verkriechen.“

Unschlüssig stehen wir herum.

Pi springt auf: „Super, Hannah. So machen wir's. Leute, los jetzt. Es gibt noch einiges zu tun und wir haben nicht mehr viel Zeit. Jeder kümmert sich um seine Aufgaben. Die Schauspieler ziehen sich um und das Kuchenbüfett muss aufgebaut werden. Die Begleiter für die Leute aus dem Seniorenheim helfen beim Bühnenbild und in der Küche mit. Ihr müsst erst in einer halben Stunde losgehen. Bis dahin haben wir alles fertig. Denkt an die Kuchenteller aus der Schulküche und an die Thermoskannen. Kaffee könnte ihr auch schon kochen. Los geht's!“

Der Zuschauerraum ist noch völlig leer. Doch in der nächsten halben Stunde werden sich die Reihen füllen. Wenn ich daran denke, wird mir schlecht. Zehra und Bekir sind noch nicht da und Felix und Kai fehlen auch.

Die Begleiter für die Leute aus dem Seniorenheim sind schon unterwegs. Wenigstens das Bühnenbild ist fertig und alle Requisiten liegen bereit. Martin und Pascal warten auf die ersten Gäste. Sie sollen dafür sorgen, dass es kein Gedränge um die Plätze gibt.

Ich stehe hinter dem Vorhang und spähe durch einen Schlitz, aber noch gibt es nichts zu sehen.

„Na, schon aufgeregt?“, höre ich plötzlich eine Stimme hinter mir fragen. Erschrocken drehe ich mich um. Herr Fischer, unser Schulleiter, lächelt mich freundlich an. Er trägt Anzug und Krawatte. Richtig feierlich sieht er aus. Ich nicke. Er klopft mir aufmunternd auf den Rücken. „Das wird sicher ein großer Erfolg. Ich freu mich schon.“ Da entdeckt er Frau Brüning und steuert auf sie zu.

Kurze Zeit später erscheinen Hannah und Timo bei mir auf der Bühne.

„Los, komm, wir gehen mal ins Foyer und schauen, ob schon jemand da ist“, schlägt Hannah vor.

„Jetzt schon?“, frage ich erschrocken.

„Klar“, sagt Hannah, „in einer halben Stunde geht's los.“

Meine Knie werden weich. Hannah wirkt ganz fröhlich, sie scheint überhaupt kein Lampenfieber zu haben. Ich kann mich kaum von der Stelle rühren vor lauter Aufregung.

„Komm schon. Ist besser, als hier hinterm Vorhang zu warten. Wir lenken uns ein bisschen ab“, meint auch Timo.

Wie ferngesteuert laufe ich hinter ihnen her.

„Sind Felix und Kai gekommen?“, frage ich.

„Keine Ahnung“, sagt Hannah.

„Und die Zwillinge?“

Hannah zuckt mit den Schultern.

Als wir das Foyer betreten, treffen schon die ersten Gäste ein. Unsere Leute vom Kuchenverkauf haben kleine Töpfe mit Weihnachtssternen, unsere gebastelten Laternen und Servietten auf den Stehtischen verteilt. Hinter dem Büffet steht der Weihnachtsbaum. Die Kerzen brennen und es sieht sehr gemütlich aus. Aber die Verkäufer rennen nervös herum. Ich frage Steffi, was los ist.

„Fällt dir nichts auf?“, fragt sie verzweifelt.

Noch bevor ich etwas sagen kann, platzt sie heraus: „Wir haben keinen Kuchen!“

Jetzt sehe ich es auch. Auf den Tischen stehen zwar Teller, Tassen und Thermoskannen, aber kein Kuchen. Ich will Steffi beruhigen, aber sie läuft schon wieder zur Eingangstür, um auf den Lieferanten der Bäckerei Kramer zu warten.

An der Garderobe entdecke ich meine Familie. Meine Oma winkt mir zu. Alle haben sich sehr festlich angezogen, sogar Marie hat ein richtig tolles Kleid an, zwar schwarz, aber trotzdem schön. Freddy hat sie nicht mitgebracht. Ist auch besser so, ich brauche nicht noch mehr Aufregung.

„Na, läuft alles nach Plan?", fragt Opa gut gelaunt und holt seine alte Videokamera aus der Tasche.

„Nichts läuft. Wir haben keinen Kuchen. Felix' Eltern haben versprochen, dass er rechtzeitig geliefert wird. Aber bis jetzt ist nichts angekommen. Felix und Kai fehlen auch noch und die Zwillinge sind krank", sprudelt es aus mir heraus.

„Ich habe mich schon gewundert. Die Kramers sitzen bei Paolo in der Pizzeria. Wir haben sie auf dem Weg hierher durch die Scheibe gesehen. Aber Felix war nicht mit dabei. Vielleicht ist er ja inzwischen hier", versucht meine Mutter mich aufzumuntern.

Hannah und Nele stürzen auf uns zu. Nele hat schon wieder Flecken im Gesicht und sogar Hannah wirkt nun aufgeregt. „Die Zwillinge", sagt sie, „die kommen nicht. Sie liegen im Bett – Windpocken. Frau Yasar hat uns gerade den Samowar vorbeigebracht. Und Kai und Felix sind immer noch nicht da."

„Und der Kuchen auch nicht. Los, komm mit!", rufe ich und ziehe Hannah hinter mir her.

Wir rennen durch die Straße. Hechelnd berichte ich Hannah, was mir meine Mutter erzählt hat. Ein paar Häuser weiter treffen wir unsere Klassenkameraden mit den Gästen aus dem Seniorenheim. Die alten Leute starren Hannah verwundert an, die einen außergewöhnlichen

Anblick bietet in ihrem wehenden T-Shirt, mit klappernden, im Schneefall blitzenden CDs. Wahrscheinlichen denken sie, dass das zurzeit in ist.

Wir stürmen in die Pizzeria. Tatsächlich: Die Kramers sitzen gemütlich am Tisch und essen Pizza – aber ohne Felix.

Hannah zieht alle Blicke auf sich. Kleine Flocken hängen in ihren zerzausten Haaren und sie sieht wirklich ziemlich außerirdisch aus. Atemlos fragt sie: „Wo ist Felix?"

„Und wann kommt der Kuchen?", keuche ich.

Die Kramers schauen uns verdattert an.

„Aber ...", stottert Frau Kramer, „Felix hat doch gesagt, euer Theaterstück fällt aus."

„Was?“, rufen Hannah und ich gleichzeitig.

„Ja, heute Morgen beim Frühstück meinte er, dass die Vorstellung nicht stattfände. Da haben wir natürlich auch keinen Kuchen geschickt“, erklärt Herr Kramer.

„Stimmt“, sagt Frau Kramer. „Wir waren allerdings sehr erstaunt, dass ihr die Vorstellung abgesagt habt. Schließlich haben wir die CD eurer Probe ein paarmal gesehen und fanden euch richtig gut.“

Wir verstehen gar nichts mehr.

„Nein, das ist doch gar nicht wahr. Wir spielen. Das heißt …“

„Das heißt, jetzt spielen wir nicht mehr“, beendet Hannah düster meinen Satz.

„Aber eure Gäste …“, wirft Frau Kramer ein und schaut uns mitleidig an.

„Was sollen wir denn machen? Wir haben keinen Fritz und keinen Weihnachtsmann“, jammere ich.

„Und Vater und Mutter fehlen uns auch“, ergänzt Hannah traurig.

Hannah und ich schauen uns verzweifelt an. Vier Schauspieler fehlen – vier von neun! Einen hätten wir vielleicht ersetzen können, aber vier? Das geht nicht. Die Sache ist gelaufen, geplatzt, wir müssen die Vorstellung absagen. Die Arbeit so vieler Wochen, alles umsonst. Ich könnte heulen.

Die Kramers telefonieren. Sie versuchen, ihren Sohn zu erreichen. Aber vergeblich, weder zu Hause noch am Handy haben sie Glück. Sie sprechen ihm auf den Anrufbeantworter und schicken ihm eine SMS, damit er sofort zur Schule kommt, aber ich glaube nicht, dass er das tun wird. Er hat uns hängen lassen, einfach so.

In 15 Minuten soll es losgehen. Hannah und ich laufen zurück zur Schule. Die Kramers bezahlen noch und wollen dann nachkommen. Aber Kuchen wird es nun keinen mehr geben.

Das Foyer ist fast leer, die meisten Leute haben bereits im Zuschauerraum Platz genommen. Wir müssen Frau Brüning finden. Sie muss die Vorstellung absagen.

Die Aula ist voll. Es gibt nur noch wenige freie Plätze. Fast alle Lehrer sind gekommen. Ich laufe durch den Zuschauerraum und entdecke meine Familie. Neben Opa sitzt Willy, Max wippelt auf dem Schoß meiner Mutter.

Tränen steigen mir in die Augen. „Alles ist vorbei. Wir müssen absagen. Felix ist nicht da und Kai auch nicht, die Zwillinge liegen krank im Bett und wir haben keinen Kuchen, alles ist Mist“, jammere ich. Eigentlich bin ich viel zu wütend, um zu heulen, aber als Max auch noch mein Gesicht streichelt, rollen mir Tränen über die Wangen.

„Spielst du jetzt nicht?“, fragt er traurig.

„Natürlich spielt sie“, sagt mein Opa.

„Wie soll das denn gehen?“, schluchze ich. „Und deine Kamera kannst du auch gleich wieder einpacken.“

Opa fasst mich am Arm und sagt: „Hier, dreh dich mal um. Die Leute freuen sich alle auf euch. Los, geh zu deinen Freunden und lasst euch was einfallen. Wir bleiben alle hier. Wir wollen euch sehen. Hört auf zu jammern und macht was draus. Im Leben läuft nicht immer alles glatt.“

Ich schaue auf meine Uhr, noch fünf Minuten. Schnell laufe ich zum Umkleideraum. Frau Brüning und alle anderen sind da, alle bis auf Felix und Kai. Ich hatte gehofft, dass sie in der Zwischenzeit vielleicht doch gekommen sind. Die Stimmung ist sehr gedrückt.

Plötzlich sagt Timo: „Ich weiß, wo der ist …“.

Wir schauen ihn gespannt an.

„Der ist bei Lisa. Die wollte heute eine Party machen. Mich hat sie auch gefragt, ob ich kommen will …“

„Dann müssen wir dahin und sie holen. Kai ist bestimmt auch dort“, entscheidet Hannah sofort.

„Das geht nicht mehr, ist doch viel zu spät“, sagt Alina.

„Diese Penner, wenn ich die erwische …“, schimpft Timo.

„Hör auf“, sage ich, „das hilft jetzt nichts. Wir müssen anfangen, wir schaffen das schon.“

„Ach ja, wie soll das denn gehen? Schon gemerkt, uns fehlen vier Leute“, sagt Hannah.

„Den Weihnachtsmann lassen wir einfach weg oder wir ersetzen ihn durch einen anderen. Und Nele spielt die Mutter.“

„Und wer spielt den Vater?“, fragt Hannah gereizt.

„Niemand. Hast du doch selbst gesagt – alleinerziehend.“ Bin ich das, die da redet? Ich kann es selbst kaum fassen, was ich da sage. Aber ich will spielen, unbedingt.

„Und was machen wir mit dem Büfett? Wir haben keinen Kuchen“, jammert Steffi.

„Macht nichts. Die Leute essen zu Weihnachten sowieso viel zu viel. Dann gibt es eben nur Kaffee und Tee.“

Noch glaubt keiner, dass das klappen kann.

Frau Brüning steht auf, kommt zu mir und legt ihren Arm um mich. „Ich finde das super, Meike. Endlich mal eine, die nicht den Kopf hängen lässt. Aber ich fürchte, dass wir es nicht schaffen. Wir haben keinen Fritz.“

„Doch, haben wir. Das macht Martin.“

Martin starrt mich entsetzt an. „Das kann ich nicht, das wisst ihr. Ich kann nicht Theater spielen.“

„Du musst aber, Martin. Du kennst den Text. Du hast ihn ja selbst geschrieben. Sollen wir jetzt alles absagen, nur wegen Felix? Die Aula ist rappelvoll und die Leute wollen uns sehen. Los, kommt, das schaffen wir. Die kennen unser Stück doch nicht. Das merkt kein Mensch, wenn da eine Person fehlt. Oder soll Neles Vater in seiner Zeitung schreiben, dass das Theaterstück ausfallen musste, weil Felix Kramer nicht gekommen ist?“

Das überzeugt auch den Letzten. Alle nicken und stehen auf.

Pi reibt sich begeistert die Hände. „Leute, ich sag nur eins – Hut ab vor eurem Mut. Ich finde euch klasse. Los, jetzt gebt euer Bestes.“

Martin streift sich das Jackett über. „Mann, Meike, ich kipp gleich um.“

„Nach der Aufführung kannst du umkippen, jetzt brauchen wir dich“, sage ich. Ich habe kein Lampenfieber mehr. Ich will nur noch raus auf die Bühne.

Es geht los.

Der Vorhang öffnet sich. Begleitet vom Applaus der Zuschauer betritt Frau Brüning die Bühne. Als sie die Gäste begrüßt und unser Stück ankündigt, zittert Ihre Stimme ein wenig. Sie ist bestimmt genauso aufgeregt wie wir.

Frau Brüning geht ab und Martin betritt die Bühne von der Seite, geht zu seinem Stuhl und setzt sich. Etwas unsicher schaut er ins Publikum, dann sieht er mich an. Ich nicke ihm zu. Er muss den Titel unseres Stücks ansagen. Ob er ihn vergessen hat? „Weihnachten mal anders", das soll er sagen. Warum tut er es nicht? Die Zuschauer werden schon unruhig.

Ich versuche von der Bühne aus meine Familie zu erkennen und sehe, wie Marie leise mit Oma redet. Mein Opa filmt mit der Videokamera. Ich blicke wieder zu Martin. Okay, wenn er den Titel nicht ansagt, dann mache ich es eben.

„Weihnachten mal anders", verkünden wir beide wie aus einem Mund. Ich muss grinsen. Bestimmt hat keiner unseren ersten Patzer bemerkt.

Dann spreche ich meinen Text als Erzähler:

In einer kalten Winternacht,
hat Fritz das Essen sich gemacht.
Warm war es in der Stube nicht,
es brannte nur ein kleines Licht.
Als Fritz an seinem Tische saß
und seine dünne Suppe aß,
da plötzlich wurde es sehr hell,
der Fritz, der sprang vom Stuhle schnell.
Ein fremdes Wesen stand im Raum.
War's wirklich oder nur ein Traum?

Geschafft. Ich bin nicht hängen geblieben, hab mich nicht versprochen und ich glaube, ich war auch laut genug.

Nun muss Martin zwei Sätze sagen, dann kommt Hannahs Auftritt. Martin macht das wirklich gut. Seine Hände zittern ein bisschen, aber das können die Zuschauer nicht sehen.

Ich blicke wieder ins Publikum. Maries Platz ist leer. Sie ist gegangen. Neben meinen Eltern sitzen die Kramers. Felix ist nicht dabei.

Unsere erste Szene haben wir gut gemeistert. Der Vorhang schließt sich, während die Musik erklingt, die die Reise der Außerirdischen mit Fritz im Raumschiff begleitet. Schnell bauen die Bühnenarbeiter um und bringen ein kleines Sofa, einen Tisch, einen Weihnachtsbaum und einen Fernseher auf die Bühne. Es dauert nur zwei oder drei Minuten, dann sieht unser Bühnenbild aus wie ein Wohnzimmer in der heutigen Zeit.

Bevor es wieder losgeht, klopfe ich Martin auf die Schulter.

„Super", sage ich leise und auch Hannah wirft ihm einen anerkennenden Blick zu.

Martin bläst die Backen auf und rollt mit den Augen, aber er grinst.

Wir blicken zu Pi, der seinen Daumen hochstreckt und uns aufmunternd zulächelt. Dann gibt er uns ein Zeichen. Es geht weiter.

Die Musik wird leiser und der Vorhang geht wieder auf. Jetzt wird es schwieriger. Der Text des Vaters war wichtig. Wir können nur hoffen, dass keinem die fehlenden Dialogteile auffallen. Nele spielt die Mutter sehr sicher. Wusste ich es doch: Sie kann alle Rollen auswendig.

Als der Vater seinen Einsatz hätte, gerät das Stück ins Stocken. Mir wird ganz heiß. Jetzt geht es doch schief.

Plötzlich springt jemand auf die Bühne. Wir bekommen alle einen riesigen Schreck. Bekir?, denke ich zuerst. Das kann doch nicht sein! Bekir und Zehra sind krank!

Neben uns steht aber nicht Bekir, sondern Herr Kramer. Fassungslos starren wir ihn an. Wie selbstverständlich spricht er die Textpassage des Vaters. Er vergisst kein einziges Wort, verdreht keinen einzigen Satz.

„Meike", zischt Martin leise.

Ich bin dran:

Den Fernseher schaltet er ein
und möchte ungestört nun sein.
Doch denkt euch nur, der arme Fritz,
springt hoch vom Sofa wie ein Blitz.
'nen Fernseher, müsst ihr verstehn,
den hatte Fritz noch nie gesehn.

Jetzt muss Martin fragen, was die Leute in dem Kasten machen. Er wundert sich, dass es so kleine Menschen gibt. Dann läuft er zu dem Fernsehapparat, geht ängstlich um ihn herum und betrachtet ihn von allen Seiten.

Die Zuschauer lachen, ich kann das dröhnende Gelächter meines Opas heraushören. Ich schaue kurz in seine Richtung und entdecke bekümmert, dass nicht nur Marie die Vorstellung verlassen hat. Auch der Platz meines Vaters ist leer. Ich verstehe das nicht. Wir sind doch gut, den Zuschauern gefällt unser Stück. Sie lachen und klatschen. Warum muss ausgerechnet meine Familie gehen? Gerade mein Vater! Er hat doch darauf bestanden, dass die ganze Familie meinen Auftritt sehen soll. Und nun ist er selbst gegangen.

Da entdecke ich etwas, was mich noch viel mehr wundert: Auf Herrn Kramers Platz, der gerade noch leer war, sitzt Felix. Das gibt es doch nicht! Dass der sich überhaupt noch hierher traut!

Die zweite Szene ist überstanden, der Vorhang fällt, das Wohnzimmer wird ein bisschen umgebaut. Jetzt kommt der Auftritt des Weihnachtsmanns. Hoffentlich konnte Frau Brüning Pascal überreden einzuspringen.

Hinter dem Vorhang herrscht große Aufregung. Ich linse vorsichtig durch einen kleinen Schlitz in den Zuschauerraum und winke Hannah zu mir.

„Schau dir mal an, wer neben Frau Kramer sitzt", flüstere ich.

Hannah lugt durch den Vorhang. „Das ist noch gar nichts. Guck mal, wer da drüben steht."

Hannah zeigt zum Bühnenrand. Unglaublich! Von hinten erkenne ich einen Weihnachtsmann im Kostüm meines Vaters.

„Ist Kai mit Felix gekommen?"

„Keine Ahnung, ob Kai da ist", sagt Hannah – und dann bekommen wir auch schon das Zeichen von Pi.

Der Vorhang hebt sich.

Was hat Hannah gesagt? Keine Ahnung? Doch Pascal? Egal. Hauptsache, unsere letzte Szene klappt auch. Dann haben wir es geschafft.

Der Weihnachtsmann betritt die Bühne und sagt mit lauter Stimme: „Endlich hab ich euch gefunden, ich bin schon so lange unterwegs. Seht nur, meine Taschen sind gut gefüllt und soooo schwer. Jetzt will ich euch mit meinen Gaben erfreuen …“

Das glaub ich nicht. Das ist nicht Kai und auch nicht Pascal – es ist mein Vater! In seinem eigenen Kostüm!

Hannah sieht meinen erschrockenen Blick und grinst. Mein Vater und Herr Kramer auf der Bühne, in unserem Stück!

„… doch soll ich dein Geschenk dir bringen, musst du mir erst ein Liedchen singen“, höre ich ihn sagen.

Das gehört nicht zu unserem Stück. Das hat sich mein Vater ausgedacht. Timo, der den Sohn der Familie spielt, ist genauso verdattert wie wir anderen. Er starrt meinen Vater mit großen Augen an und schüttelt zaghaft den Kopf. Es vergehen ein paar Sekunden, in denen gar nichts passiert.

Plötzlich sagt mein Vater: „Ich höre nichts, du kleiner Wicht, willst du Geschenke oder nicht?“

Timo hat keine Wahl. Ob er will oder nicht, er muss singen. Leise stimmt er an: „Oh Tannenbaum, oh Tannenbaum …“

Timo singt schrecklich. Er trifft keinen einzigen Ton. Aber das ist völlig egal. Das Publikum klatscht vor Vergnügen und viele stimmen mit ein. Unser Stück klappt hervorragend mit unseren neuen Schauspielern.

Am Ende unserer Vorführung bin ich unheimlich glücklich und erleichtert. Die Gäste sind begeistert, sie spenden jubelnd Beifall. Wir müssen noch einige Male zurück auf die Bühne und uns verbeugen. Aus allen Ecken blitzen die Lichter der Kameras. Herr Fischer steht unten an der Bühne und strahlt uns an. Ich glaube, er ist ziemlich stolz auf uns.

Im Umkleideraum plappert die ganze Klasse aufgeregt durcheinander. Frau Brüning hat Freudentränen in den Augen, als sie sich bei uns und bei unseren vier Rettern bedankt.

Plötzlich stehe ich meinem Vater gegenüber und weiß gar nicht, was ich sagen soll. Deshalb umarme ich ihn einfach, gebe ihm einen Kuss auf die Wange und sage nur leise: „Danke, Papa.“

„Hat Spaß gemacht“, flüstert er.

„Mann, Herr Brückner, ich wusste gar nicht, dass sie so ein genialer Schauspieler sind“, sagt Hannah und lacht.

„Na ja, den Weihnachtsmann spiele ich ja schon ein paar Jahre“, antwortet mein Vater.

„Das mit dem Lied war spitze. Wir hätten Sie beim Dichten gut brauchen können. Nochmals vielen Dank. Ohne Ihre Hilfe wären wir ziemlich aufgeschmissen gewesen“, sagt Frau Brüning.

„Kein Problem. Hat doch alles gepasst – sogar das Kostüm“, schmunzelt mein Vater und sieht mich an.

Mir rutscht fast das Herz in die Hose. Schnell das Thema wechseln. „Ich dachte, du bist auch abgehauen, so wie Marie. Ich war schon ganz enttäuscht.“

„So schlecht, wie du denkst, ist deine Schwester gar nicht“, sagt er nur und grinst. Das verstehe ich nicht, aber das ist jetzt auch egal.

Wir ziehen uns schnell um und gehen zu den anderen ins Foyer. Ich bin so gespannt, was Mama, Oma und Opa zu unserem Auftritt sagen werden. Aber als ich mit Hannah und Martin dort ankomme, verschlägt es mir schon wieder die Sprache. Im Foyer duftet es nach frischen Waffeln. Marie und Freddy stehen in einer Ecke und backen.

Als Marie mich entdeckt, lächelt sie mir zu. Eine lange Schlange hat sich vor ihrem Tisch mit dem Waffeleisen gebildet. Meine Schwester und ihr Freund backen wie die Weltmeister. Sie haben Schweißperlen auf der Stirn, aber es macht ihnen sichtlich Spaß. Opa und Max streuen Puderzucker oder Streusel über das heiße Gebäck. Mein kleiner Bruder strahlt über das ganze Gesicht.

Ich habe eine super Familie, denke ich. Manchmal nerven sie zwar, aber sie lassen mich nie im Stich.

Oma und Mama nehmen mich in den Arm. Sie gratulieren mir und schnattern auf mich ein. Ich beobachte Marie und Freddy. Ich kann es noch gar nicht richtig glauben. Sieht schon sehr komisch aus, wie Freddy mit seiner zerrissenen schwarzen Hose hinter dem Waffeleisen steht.

„Wieso machen die beiden das?“, frage ich meine Mutter.

„Als Marie von eurer Pleite mit dem Kuchen gehört hat, ist sie nach Hause gelaufen und hat unseren Waffelteig und das Waffeleisen geholt. Dann hat sie Freddy angerufen, damit er ihr hilft. Na ja, und nun stehen sie da und backen. – Vielleicht ist dieser Freddy ja doch ein ganz netter Junge.“ Den letzten Satz sagt meine Mutter mehr zu sich selbst.

„Natürlich ist er das“, sagt meine Oma. „Sieht zwar seltsam aus, aber darauf kommt es doch nicht an. Das Herz muss gut sein, nicht die Hose.“

Erstaunt schaue ich meine Oma an und muss lachen. Komische Sprüche klopft sie manchmal, aber recht hat sie.

Die Leute scheinen sich gut zu amüsieren: Lehrer unterhalten sich mit Eltern, Herr Steinbach macht gerade ein kleines Interview mit Frau Brüning, Herrn Fischer und meinem Vater. Die Senioren trinken Kaffee und Tee und loben unsere Waffeln. Ich gehe zu Martin. „Mann, wir können richtig stolz auf uns sein. Du hast das super gemacht."

Martin lächelt. „Na ja, manchmal habe ich schon ein bisschen gestottert. Aber dein Vater war spitze und Herr Kramer und Nele auch."

„Wo sind die Kramers überhaupt?", frage ich und schaue mich um.

„Ich hab gesehen, wie sie nach der Vorstellung gleich gegangen sind. Felix sah ganz schön geknickt aus", erzählt Martin.

„Wahrscheinlich müssen sie zu Hause noch ein Hühnchen mit ihrem Sohn rupfen."

Frau Brüning kommt auf uns zu und legt ihre Arme um unsere Schultern. „Na, zufrieden?", lächelt sie uns an.

Martin und ich nicken.

„Ihr habt auch allen Grund dazu. Das war wirklich toll. Und welche ungeahnten Talente wir in unserer Klasse haben", sagt sie und zwinkert Martin zu.

Er wird ein bisschen rot im Gesicht, das finde ich total süß.

„So, nun kommt mal mit. Wir müssen noch aufräumen. Unsere Gäste aus dem Seniorenheim werden jetzt zurückbegleitet und das Foyer muss wieder in Ordnung gebracht werden."

Weil alle mithelfen, dauert es gar nicht lange. Als ich mich nach meiner Familie umschaue, sehe ich Marie und ihren Freund auf einer Bank sitzen. Zwischen den beiden sitzt Max und plappert auf den armen Freddy ein.

Ich umarme Marie und gebe ihr einen Kuss. Freddy würde ich auch am liebsten umarmen, aber das traue ich mich nicht. Schließlich sehe ich ihn heute zum ersten Mal. Deshalb sage ich nur leise: „Danke, das war total nett von euch."

Die beiden nicken und grinsen. „Ich kann doch meine kleine Schwester nicht hängen lassen", sagt Marie.

„Schade ist nur, dass ihr das Stück nicht gesehen habt."

„Keine Sorge", sagt Marie, „Opa hat alles gefilmt. Das werden wir noch so oft zu sehen bekommen, bis es uns zu den Ohren rauskommt. Sollen wir wetten – jedes Jahr zu Weihnachten."

Ich muss lächeln. Irgendwie bin ich stolz, dass Marie meine Schwester ist. Ich glaube, ich habe sie sehr gern und sie mich auch, auch wenn wir beide das manchmal vergessen.

Auf dem Nachhauseweg sind wir sehr ausgelassen. Sogar meine Eltern albern die ganze Zeit herum. Immer noch rieseln dicke Flocken auf den frischen Schnee.

Willy begleitet uns. Wir wollen an seinem alten Kiosk noch etwas zusammen trinken. „Wie früher", hat mein Opa gesagt.

Marie und Freddy setzen sich in das Haltestellenhäuschen gegenüber der Bude. Keine Ahnung, was die beiden noch vorhaben. Den Bus lassen sie jedenfalls vorbeifahren.

„Kann ich zu Freddy?", fragt Max, als ihm die Gespräche der Erwachsenen zu langweilig werden.

Meine Mutter nickt. Na, Freddy wird sich freuen. Aber Max scheint die beiden nicht zu stören – so wie sie lachen. Am liebsten würde ich auch zu ihnen gehen.

Endlich haben alle ausgetrunken. Wir verabschieden uns von Willy und gehen nach Hause. Es ist kalt geworden, wir frieren ein bisschen.

Max hüpft an den Händen von Mama und Oma und lässt sich von den beiden hoch in die Luft schleudern. Opa und Papa lachen. Ich bin glücklich.

Marie und Freddy folgen mit einigen Metern Abstand. Sie wirken ein bisschen unsicher. Freddy trägt die Schüssel, in dem heute Morgen noch der Waffelteig für unser Weihnachtsfest war. Jetzt ist sie leer, aber das macht nichts. Dann machen wir morgen eben neuen Teig. Sieht komisch aus, wie sich die beiden schwarz gekleideten Gestalten durch den hellen Schnee bewegen.

Kurz bevor wir zu Hause ankommen, dreht sich Opa zu Marie und Freddy um und ruft: „Na, Kinder, nun macht mal ein bisschen schneller. Wir müssen uns aufwärmen. Ich koch uns allen einen schönen Tee. Einen schönen *schwarzen* Tee.“

Opa lacht so laut über seinen eigenen Witz, dass es durch die ganze Straße hallt. Sein Gelächter steckt uns an, sogar Freddy und Marie.

Dieses Weihnachtsfest werden wir so schnell nicht vergessen.

Ach ja, fast hätte ich es vergessen, Martin wird mich in den Ferien besuchen. Wir haben uns verabredet. Ich denke, er passt ganz gut zu mir – schon allein wegen seines Namens: **M**artin.

Leseprobe aus:

Carolin Philipps, Cäsars Streberladen

Schulausgabe erschienen im
Hase und Igel Verlag, Garching b. München
ISBN 978-3-86760-045-3
Begleitmaterial für Lehrkräfte
ISBN 978-3-86760-345-4

Die Zeit für Geschäfte war in der Tat günstig. Jedenfalls für solche Geschäfte, wie Julius sie plante. Die Einladungen für den Elternsprechtag waren gerade ausgeteilt worden und es gab eine Menge Schüler, die diesem Tag mit Grauen entgegensahen. Hatte man bislang manche Arbeit und manchen Eintrag ins Klassenbuch zu Hause verschweigen können, so erfuhren die Eltern spätestens an diesem Tag, dass die leicht dahingesagten Aussagen ihrer Kinder – „Alles in Ordnung in der Schule, no problem!" – nicht den Tatsachen entsprachen.

Es gab keine andere Zeit im Schuljahr, außer unmittelbar vor den Zeugnissen, in denen die Lehrer mit so vielen Anfragen nach zusätzlichen Referaten und freiwillig zu übernehmenden Aufgaben bestürmt wurden.

„Bitte geben Sie mir noch eine Chance!"

„Kann ich nicht noch ein Referat halten? Mein Vater bringt mich um, wenn er meine Noten sieht."

Julius betrachtete die zunehmende Panik seiner Mitschüler mit großem Interesse. Jetzt musste er ihnen nur noch klar machen, dass er die Lösung für ihre Probleme hatte.

Seine Chance kam schneller als erwartet. Es war Pit, der mal wieder in Terminnot war und sich außerdem einbildete, mithilfe von Referaten das drohende Donnerwetter seines Vaters abwehren zu können. Er hatte sich an einem Tag Referate in Geschichte und Arbeitslehre und eine Buchvorstellung in Deutsch geben lassen. Zunächst tönte er noch herum, dass er damit seine Noten in drei Fächern aus dem gefährlichen Bereich ziehen würde.

Doch je länger der Schulvormittag dauerte, desto klarer wurde ihm, dass sich die Referate nicht von selbst schrieben und er eigentlich keine Zeit für die zusätzliche Arbeit hatte. „Recherche im Internet, Bücher wälzen und ein Buch ganz lesen? Und dann 'ne Zusammenfassung machen? Wie soll ich das bloß schaffen?", jammerte er. „Ich hab 'ne Urlaubsvertretung im Eisladen übernommen. Außerdem muss ich Zeitungen austragen."

„Du musst ja keine Referate schreiben", meinte Bernd. „Ist doch freiwillig. Gib sie einfach zurück."

„Und dann?", fuhr Pit ihn wütend an. „Was glaubst du, was meine Eltern zu meinen Noten sagen? Da kann ich vor dem Elternsprechtag nur noch nach Australien auswandern oder alle Jobs aufgeben und nichts als pauken."

Julius ließ ihn jammern. Pit war schon 15 und hatte immer ausreichend Geld, weil er nicht nur einen, sondern gleich zwei Jobs angenommen hatte. Ein idealer Kunde für den Streberladen.

Julius beobachtete, wie Pit von Stunde zu Stunde nervöser wurde. Und als er in der zweiten großen Pause statt mit seinen Freunden auf den Schulhof zu gehen in Richtung Lehrerzimmer abbog, wusste Julius, dass er bald Kundschaft haben würde.

Julius folgte ihm unauffällig und versteckte sich hinter einer Säule gegenüber dem Lehrerzimmer. Pit klopfte.

Nach kurzer Zeit erschien Frau Bungert, bereits etwas verärgert, weil sie ihre Pause unterbrechen musste.

„Also, was ist so schrecklich wichtig, Pit? Mach's kurz. Ich hab nicht so viel Zeit."

„Ja, das ist so … mit der Buchvorstellung. Ich glaub, ich schaff das nicht … bis nächste Woche. Ich muss noch so viel anderes machen … Kann ich nicht übernächste Woche …?"

„Von mir aus musst du gar keine Buchvorstellung machen", sagte Frau Bungert ungeduldig. „Sie passt sowieso nicht richtig in den Unterricht. Du wolltest doch die zusätzliche Arbeit, damit ich deinen Eltern etwas Positives über dich sagen kann. Aber dann musst du dich auch anstrengen. Ich werfe niemandem die guten Noten hinterher. Entweder nächste Woche oder gar nicht. Du kannst es dir bis morgen überlegen." Damit ging sie zurück ins Lehrerzimmer und ließ Pit einfach stehen.

Pit ballte zornig die Faust. Wenn er vorgehabt hatte, auch noch die anderen Lehrer zu fragen, so gab er diesen Plan spätestens jetzt auf. Sie würden ihm wohl nichts anderes sagen.

Plötzlich entdeckte er Julius hinter der Säule und kam drohend auf ihn zu. „Was stehst du da und grinst so blöd?"

„Ich hab rein zufällig dein Gespräch mit Frau Bungert gehört. Ich dachte, du kannst vielleicht Hilfe gebrauchen."

Pit lachte höhnisch. „Hau ab, wie willst du mir schon helfen?"

„Ich könnte zum Beispiel dein Geschichtsreferat schreiben … oder dein Arbeitslehre-Referat oder deine Buchvorstellung … oder alles zusammen. Recherche im Internet oder Bücher lesen ist für mich kein Problem. Ich habe genug Zeit, du offenbar nicht. Aber das ist nur so eine Idee. Wenn du nicht willst …" Damit drehte Julius sich um und ließ Pit stehen.

Für einen Moment passierte gar nichts. Dann hörte Julius eilige Schritte hinter sich und Pits aufgeregte Stimme.

„Hey, warte mal. Du … du würdest meine Referate schreiben?"

„Warum nicht? Wenn du gut zahlst!"

„Ah, darum geht's. Du bist ein Abzocker! Du willst nicht helfen, du willst nur Geld!"

Julius zuckte mit den Schultern. „Ich hab etwas, das du brauchst. Und du hast etwas, das ich brauche. Ist doch ein fairer Handel. Hat man schon im Altertum gemacht. Du verdienst doch auch Geld, weil du im Eisladen hilfst. Was ich mache, ist nur 'ne andere Art von Job."

Pit nickte. Das klang irgendwie verrückt, aber logisch. Er überlegte nur kurz. „Und was kostet mich das?"

„Hängt vom Thema ab. Mal sehen: zwei Referate … Arbeitslehre: Sozialversicherungen … Geschichte: Lebenslauf Napoleons. Und eine Buchvorstellung. Ich denke, so 20 Euro für das ganze Paket …"

„20 Euro? Bist du bekloppt? Das ist ja Wucher! Und ich muss das Ganze eh noch lernen, wenn ich die Referate vor der Klasse halten will."

„Der normale Schülerarbeitslohn ist fünf Euro pro Stunde und ich brauche für alles bestimmt acht bis neun Stunden", rechnete Julius ihm vor. „Das ist doch ein Sonderangebot."